あなたの人生を変える

龍神さまの
《ご利益《りやく》》がわかる本

羽田守快

大法輪閣

私たちはすでに、龍神《りゅうじん》さまからご利益《りやく》をいただいています。
天地自然、私たちの命――すべてがご利益なのです。
そのことを想って、龍神さまに感謝しましょう。
その感謝が、次のご利益を生むのです。

目次

●カバー絵……北畠　聖龍　画「富士越え龍図（彩色）」
●1・7・21・53・101・115・151・201・231各ページ絵
……北畠　聖龍　画「富士越え龍図（墨絵）」
●装　幀………山本　太郎

第一章

龍《りゅう》神《じん》とはなにか

☆龍はいるのか？

最近は龍神さまブームといいますか、書店に行きますと、龍にまつわる本がけっこうたくさん見られます。

その多くは、「スピリチュアリズム」（または「ネオ・スピリチュアリズム」）といわれる、いわゆる「精神世界」系の書物のようです。

つまり精神世界の「生き物」として、龍は注目されてきているのですね。

ここでいう龍とは、もちろん生物学上の生き物ではありません。

でも、世の中には、龍は実在するという人もいないわけではありません。

龍に近いイメージの動物としては、スコットランドのネス湖に住むという「ネッシー」やカナダのオカナガン湖の「オゴポゴ」、中央アフリカのコンゴ、カメルーン、ガボン共和国で広く知られるという「モケーレムベンベ」、あるいはやはりアフリカで広く目撃者がいるという翼竜《よくりゅう》のような「コンガマトー」などの「未確認生物」、いわゆる「UMA《ユーマ》」が話題に上りますが、いずれも、いまだ実物が捕獲されたという話はありません。

これらは恐竜の生き残り説などもあって、なかなかロマンのある話ですが、実際問題としてはロマンの域《いき》を出ない話でもあります。

スピリチュアリズム（精神世界）でも、龍についての考え方は、必ずしも一定はしておらず、龍は神さまのお使いであるとか、いや、宇宙の最高神であるとか、はたまた他天体から飛来した霊体であるとか、水のエネルギーの精霊、あるいは龍族といって我々と別な肉体を持たない種族だとか、あるいは爬虫類《はちゅうるい》から進化した宇宙人的な存在とか、いろいろです。

中には、龍は恐竜の霊が絶滅したため、転生《てんしょう》しないでそのまま霊体として進化したものという、面白い説もあるようです。

たとえば、私が受けた、ある「ドラゴン（龍）のスピリチュアルワーク（瞑想）」は、色彩と音でドラゴンを感じるもので、太古の昔に地球に飛来した十二種類のドラゴンとつながってエネルギーや啓示をもらえるという、大変にワクワクする楽しいものでした。

こうしたスピリチュアリズムの中には、かなり荒唐無稽《こうとうむけい》なものもありますが、私は仏教の立場を離れず、さりとて仏教の立場をそこでふりかざすこともなく、あくまでそれはそれとして受けとめて、なにかしらの学びがあればそれでよしとする人間です。

たぶん古代インドの仏教者たちは同じような環境にあって、僭越《せんえつ》ながら私と同じような態度で他の宗教や呪術に接していたと思うからです。

たとえばインドで七世紀に登場した、仏教の最終形といわれる「密教《みっきょう》」は、形式的にはほとんどバラモン教と変わりません。

たとえばお正月などに日本の各地でみられる「護摩《ごま》」を焚いたり、密教行者の仕上げである「灌頂《かんじょう》」という儀式をおこなったりするのも、すべて形の上ではバラモン教を踏襲《とうしゅう》しています。

当たり前のことですが、そこにはバラモン教の優れたスタイルを方便《ほうべん》（手段）として取り込んだ仏教者がいたからこそ、密教が生まれたのだと思います。バラモン教に対して拒絶しかなければ、そのようなスタイルの仏教が生まれるわけがないのです。

しかしながら私は、スピリチュアリズムの世界については、あまりに宗教めいた教義を押しつけてくるようなところは遠慮して歩きました。いうまでもなく私にはすでに信仰がありますから。スピリチュアリズムは宗教ではないといわれますが、そういいながら、実態は宗教としかいえないようなものも、実は少なくないのです。

私がスピリチュアリズムの世界を歩いた目的は、スピリチュアリズムが現代の既成《きせい》宗教を追い抜いて、「霊的なもの」を求める多くの人の要望に応えているからです。

つまり、現代の寺社《じしゃ》（お寺と神社）において段々と欠けてきているものが、スピリチュアリズムの担《にな》っている社会的な役割になってきているからです。

それがいかなるものか、いかにして人々の要望に応えているのか、既成の仏教宗派に身を置くものとしては、大変大事な学びのある問題だと思ったのです。

たとえば「霊的な問題」といえば、「死後の世界」などもそうですが、今どきのお坊さんの多くは、昔の僧侶に比べれば、あまり「死後の世界」について触れたがりません。中には、「お葬式や法《ほう》事《じ》は故人のためではなくご遺族の方々の悲しみを癒《いや》すためにおこなうセレモニーなんです」などと、割りきっているお坊さんもいます。

そのほか、祟《たた》りだの幽霊が出るなんてことに関しては、ほとんどのお坊さんはお手上げでしょう。これらに向き合えるのは、僧侶でも祈祷《きとう》専門の僧侶だけだろうと思います。

学校で科学的な高等教育を受ける現代人にとっては、たとえお坊さんであっても死後の世界のことなどおとぎばなしにしか聞こえないのも、一面、無理のないことかもしれません。

しかし、僧侶や神官《しんかん》がそうであればあるほど、こうした霊的問題を求める人たちは、実は減るのではなく、既成の宗教を捨てて外に求めていく傾向にあります。

面白いことに、これらの人たちの要望にこたえているのは、いまや必ずしも一昔前のように「新宗教」とよばれる存在でもないようなのです。

新宗教の多くは、ひたすら特異な霊能《れいのう》を持つ教祖さまを信じる「教祖信仰」によって成り立っています。新しい世代の人たちの多くは、えてしてそうした教祖信仰のような個人崇拝には、興味を示さない傾向にあります。

もはや真理とは、特定の教祖さまのような人だけが知っていて、その教祖さまから教えてもらい、それを鵜呑《うの》みにする……などというのではなく、誰もがそうだと体験し、うなずける場が必要なのです。

教祖信仰などでは本当の意味の学びとはいえないと、新しい世代の人たちは感じているのでしょう。そしてその感覚は、私も概《おおむ》ね間違いじゃないと思うのです。

スピリチュアリズムの世界では、たとえばそこのリーダーだけが龍が見えたり感じたりするのではないのです。参加者全員がそれを共有できるようにしていくのが、多くのスピリチュアリズム的なセミナーの目的です。

ですから、極端にいえば、全員が教祖さまと同じなのです。

それがこうしたセミナーが人気である秘密です。

もちろん、そんなのは催眠だとか、暗示が生み出すデタラメに酔う「自己満足」の域を出ないのだという人も多いでしょう。

そうかもしれません。

宗教の神秘体験なども、そのように心理現象として理解している人は少なくありません。

そもそも宗教的な認識や霊的理解とは、もとより「自己満足」の域を出ないものです。

また、どんな宗教であっても、修行のために人里から遠ざかり深山《しんざん》にこもるとか、僧院に入るとか、門外漢《もんがいかん》には意図や目的が理解しがたい部分があるのが普通ではないでしょうか。

そういう意味では霊的思想や宗教は、科学のような普遍《ふへん》的、かつ万人の理解を前提とするものとは違います。

科学実験のように、実験すればいつでも何度も検証できたり、誰にでも説明や理論ですべて理解できるというようなものではないでしょう。

たとえば、悟りというようなものを得たとしても、誰にもこれを説明はできません。証明することもできません。

ゆえにこれを仏教では「内証《ないしょう》」といいます。俗語の「ないしょ」というのの語源です。

こうしたことは『法華経《ほけきょう》』に「唯《ただ》仏と仏とのみ、いまし、よく諸法《しょほう》の実相《じっそう》を究尽《ぐじん》したまえり」とあるように、同じ境地の者同志のみがわかる世界なのです。

そういう風ですから、第三者、とりわけ門外漢の検証というのは無理があるのです。

昔、私が通っていた大学には、「禅《ぜん》心理学」という講義がありました。

これなどは、悟りを科学で検証できるという立場です。つまり脳波で悟りの状態がわかるというのです。

大変興味深いことです。いくつもの重要な示唆《しさ》がある、ユニークな学問です。

でも、基本的には私は、「脳波で悟りが解明できる」という一事《いちじ》に関しては、失礼ながら大変疑問に思っています。

確かに深い禅定《ぜんじょう》や瞑想状態で、人間の脳にはアルファー波やシータ波というゆったりとした波長の脳波が出てきます。でも、「悟る」ということは、脳波が変化している間だけに起こるのではないでしょう。

いったん、ある程度の悟りの境地に至れば、「阿毘跋致《あびばっち》」（不退転地《ふたいてんじ》）といって、それ以下には境涯《きょうがい》が落ちないことになっています。

普段の状態でも同じということです。

「不退転地」とまで行かなくても、見性《けんしょう》（自己の何たるかを悟ること）した優れた禅の修行者などには、普段から仏智の働きがみられるものです。

これを「悟後《ごご》の修行」とも「般若波羅蜜《はんにゃはらみつ》の行《ぎょう》」ともいいます。

特殊な脳波が出ている、禅定や瞑想の間だけが悟りでは、何の役にも立ちません。

むしろ、ある心理状態に至ればそういった脳波がその心理状態に至ったシグナルとして出るだけあり、そのような脳波が出ているから悟っているというわけではないというのが本当でしょう。

禅心理学の話はともかくも、正直、そうしたスピリチュアル系セミナーでは「この人はノウハウを磨《みが》けば新興宗教の教祖さまクラスかもしれない」という感覚の持ち主にも会いました。でも、そうした人たちが普通の会社で働いていたり、主婦だったりするんですね。それでいて自分の霊的世界はしっかり持っている。

これはある意味、驚くべきことでした。

私が従来知っている霊的な人たち、いわゆる霊感が強いという人たちは、見えないはずのものや聞こえないはずの声などに驚き悩む人たちでした。

気の毒なことですが､彼らはそのせいで周囲や世間に対して､アイディンティティ（自己同一観）を持てずにいるのです。

世の中に、共感を持てる人も場も、ほとんどないのです。

つまり、受け皿がないか、やむなく異端児《いたんじ》になっているんですね。

スピリチュアリズムは、その意味では、こうした人たちの受け皿になり、アイディンティティを与えました。

無論、これは手放しで良いことばかりではなく、一面、自分に霊的に特殊な能力があると信じたいだけの、思い込みの強い、困った人々の温床《おんしょう》にもなっていますが、それでも、こういう場がまったくないよりははるかにいいと思います。

しかし、こうしたことはスピリチュアリズムのみに可能なことなのでしょうか？

そうではないと思います。

むしろこうしたスピリチュアリズムは、その多くが過去の宗教や信仰からのヒントを見直して活用しているのです。

もちろん、ベースとなるものは日本にもあります。

その意味では、体験できる宗教である「修験道《しゅげんどう》」は、大いに推奨《すいしょう》するところです。

修験道は、日本にもともとあった山岳信仰に仏教や陰陽道《おんみょうどう》などの思想が入り込んできたものので、多くが真言宗《しんごんしゅう》や天台宗《てんだいしゅう》などの仏教の宗派に属しています。

いわゆる山伏《やまぶし》の修行です。

「密教」もいいのですが、今の日本では、僧侶以外が密教の修行をすることが、やや難しいように思います。全部はともかく部分的には、段々とそうでなく、中国の唐代《とうだい》の密教がそうであったように、多くの在家《ざいけ》（僧侶でない在俗の存在）の密教行者が修行できるように努力したいところです。

修験道では、霊山《れいざん》とされている山岳に分け入り、随所《ずいしょ》で礼拝《らいはい》がなされます。参加すれば、山の霊性《れいせい》を肌で感じることができます。

「禅」なども、仏道修行ということに限れば、それ自体はとてもいいでしょうが、こと心霊《しんれい》的な問題となると、残念ながら現代的な禅者の考えでは、心霊的なものはすべて「魔境《まきょう》」、つまり心の迷いの生み出す幻覚として片づけられてしまう傾向があります。

昔の禅者は必ずしも、そうではなかったのでしょう。霊的なものに対しても心眼《しんがん》が開けていて、そこの区別ができました。

たとえば、鎌倉時代に宋《そう》（中国）に留学した寒巌義尹禅師《かんがんぎいんぜんじ》（曹洞宗《そうとうしゅう》の宗祖・道元《どうげん》禅師のお弟子の禅僧）は、船中で白狐《びゃっこ》に乗った天女形《てんにょぎょう》の「ダキニ天」の示現《じげん》にあい、帰国後これを「豊川稲荷《とよかわいなり》」（愛知県・妙厳寺《みょうごんじ》）

修験道を実践する修験者（山伏）たち

として祀《まつ》っています。

　そもそも曹洞宗の宗祖であられる道元禅師も、曹洞宗の守護神として「白山権現《はくさんごんげん》」を勧請《かんじょう》（お招《まね》き祀ること）していらっしゃいます。北陸の名山である白山《はくさん》の神という白山権現は、道元さんが宋から日本へ帰る前夜に、『碧巌録《へきがんろく》』の書写《しょしゃ》を助けたといいます。

　ちなみに、どう助けたのかはわかりません。出てきて書いたわけではないのでしょうが、書写中に道元さんは、白山権現の霊威《れいい》を感じたことは確かでしょう。

　ちなみにこの白山権現は、龍神さまとしても信仰されている神さまです。

　また、鎌倉時代末期の臨済宗《りんざいしゅう》の清拙正澄《せいせつしょうちょう》禅師は、太陽神「摩利支天《まりしてん》」を深く信仰し、京都の建仁寺禅居庵《けんにんじぜんごあん》にはその尊像《そんぞう》が奉安《ほうあん》されており、現在も多くの人の信仰を集めています。

　宋から大切に持ってこられたといいますから、清拙正澄禅師は摩利支天の信仰から、定《さだ》めし多くの霊験《れいげん》を感じておられたのでしょう。

　今でもそういった卓越した霊眼を持つ師家《しけ》はおられると思いますが、正直、少ないと思います。

龍は、います！

さて、龍はいるのかという話に戻りますが、ここでお話していこうとしている龍は、もちろん、UMA《ユーマ》（未確認生物）ではありません。

さりとて、かならずしもお話してきたようなスピリチュアリズム的な龍でもないのです。

これからお話していきたいのは、主に、仏教でいう「龍」です。

これはもともとは、インドで「ナーガ」といわれる蛇の精霊の一種で、仏教では「八部衆《はちぶしゅ》」の一つになっています。八部衆とは、人ならぬ仏教の守護者たちです。

八部衆とは『観音経《かんのんきょう》』などによれば、天《てん》、龍、夜叉《やしゃ》、乾闥婆《けんだつば》、阿修羅《あしゅら》、迦楼羅《かるら》、緊那羅《きんなら》、摩《ま》睺羅迦《ごらが》の八つです。経典により多少メンバーは違うのですが、龍はいずれの場合も八部衆に入ります。

私はこの龍などの八部衆のような存在が、架空《かくう》のものとは決して思いません。

仏教の大前提である「八正道《はっしょうどう》」（正見《しょうけん》・正思惟《しょうしゆい》・正語《しょうご》・正業《しょうごう》・正命《しょうみょう》・正精進《しょうしょうじん》・正念《しょうねん》・正定《しょうじょう》）の教えには、いちばんはじめに「正見」（正しいものの見方）が置かれていますが、こうした龍などの霊的存在を認めることも、重要な正見の一つであると、仏典にははっきりと説かれています。

つまり、霊的存在を認めないことは、正見の反対の「邪見《じゃけん》」（誤ったものの見方）になります。

しかるに、仏教学者の方が書かれた仏教辞典などを見ると、龍などについて、単に「想像上の生き物」とか「架空の存在」などと書かれており、私は納得がいきません。仏教辞典なら、せめて「仏典上の生き物」とか「インド神話上の蛇の精霊、ナーガのこと」と書くべきでしょう。

仏教辞典といえば一流の仏教学者が書かれているのでしょうが、失礼を承知でいうなら、このような不見識《ふけんしき》なことでは信仰は到底成り立ちません。

なぜなら、「倶利伽羅龍王《くりからりゅうおう》」や「八大龍王《はちだいりゅうおう》」などの龍神を祀っている寺院は全国に数多くありますが、そのような龍神を祀っている寺院が「龍は架空の存在、空想上の生き物です」などといったとしたら、信仰上、お話にならないからです。

神社に祀られている、神道《しんとう》の「龍」も、仏教的な龍神信仰の影響を強く受けています。

なにせ仏教と神道は、お互いの宇宙観を共有して、千年以上も歩んできたのです。

そういうわけで、本書であつかうのは、そうした日本の伝統の中で信仰されてきた龍たちです。

そして本書は、龍を単にイメージやシンボルとして考えず、あくまで「龍はいる、実在する」という立場でお話していきたいと思います。

第二章

インドの龍《りゅう》（ナーガ）とは

☆すべてのナーガの母カドゥルー

龍は中国から来たんでしょう、という人は多いですね。確かに龍といえば中国風な意匠《いしょう》に用いられますし、龍という漢字も、もちろん中国から来ました。

しかしながら、日本のお寺や神社で信仰されている龍は、たとえ中国の龍の姿であらわされていても、実は純粋に中国起源の龍というのは、ほとんどいないのです。

仏教で信仰されている龍はインド起源ですし、神道《しんとう》で信仰されている龍も『日本書紀《にほんしょき》』や『古事記《こじき》』に出てくる神さまたちの姿に他ならないのです。

仏典に登場する「龍」は、本書第一章でもいいましたが、「ナーガ」とよばれるインドの精霊です。そしてそのモデルは、毒蛇のコブラです。インド神話の挿絵などでナーガの姿を見ますと、たいがい、多頭のコブラのような大蛇の姿で描かれてあります。

インドには無数のナーガがいるとされますが、それらのうち、実に千匹のナーガが、母神カドゥルーから生まれたとされています。彼女は聖仙《せいせん》ダクシャの娘で、妹のヴィナターとともにカシュヤパ仙人の妻であるといいます。

このカシュヤパは、ナーガのインド神話ではゴータマ、バラドヴァージャ、ヴィシュヴァーミトラ、ジャマダグニ、ヴァシシュタ、カシュヤパ、アトリといい、七仙人の一人とされています。彼らは皆、北斗七星の化身ともいいます。

仙人というくらいですから、もともとは人間で、修行してナーガの父になった存在なのでしょう。ですがインドの仙人というのは、「リシ」とよばれ、神々にも匹敵する存在であり、日本風にいえば神になった、つまり「神上《かみあ》がり」した人間なのです。だから神々同様、あるいはそれ以上に大変な力を発揮します。

姉のカドゥルーは妹のヴィナターに、ある賭《か》けを持ちかけ、ずるい工作をして妹を負かせて奴隷にしてしまいます。

その賭けとは、帝釈天《たいしゃくてん》の乗る天馬の尾が白いか黒いかという賭けでした。

カドゥルーは子供のナーガたちを動員し、馬の尾を黒く塗らせようとしますが、最初彼らは嫌がっていうことを聞きません。

そこでカドゥルーは大いに怒り、子供のナーガたちを呪うことにします。ナーガたちは母の呪いを恐れ、不承不承《しぶしぶ》、尾を黒く塗りました。結果、カドゥルーは賭けに勝ち、気の毒にヴィナターは奴隷にされてしまいます。

奴隷になったヴィナターには、ガルーダとアルナという二人の子供がいました。

ガルーダは巨大な鳥の神で、鷲《わし》のような顔をしています。アルナは夜明けの明星《みょうじょう》に象徴される暁《あかつき》の神です。わが国では、前者は「迦楼羅《かるら》」または「金翅鳥《こんじちょう》」といい、後者は「明星天子《みょうじょうてんし》」といいます。

迦楼羅は、仏法守護の八部衆《はちぶしゅ》や千手観音《せんじゅかんのん》の眷属（従者）である二十八部衆《にじゅうはちぶしゅ》の一尊とされており、京都の蓮華王院《れんげおういん》（三十三間堂《さんじゅうさんげんどう》）や奈良の興福寺《こうふくじ》に、半人半鳥の姿の像があることはよく知られています。

また明星天子は、伊勢《いせ》（三重県）の聖地・朝熊山《あさまやま》にある金剛證寺《こんごうしょうじ》に祀られている、頭部は如来で、四臂《しひ》（腕が四本）で、しかも龍の上に立っている、不思議な姿の像がよく知られています。

さて、ガルーダは母を解放しようと交渉しますが、その条件は天上の帝釈天の宮殿にある霊薬《れいやく》「アムリタ」（甘露《かんろ》）を持ってこいという無理難題でした。

帝釈天は、インド神話では神々の王で、インドラといわれる神です。

不死の体を持つアシュラたちの宿敵ですが、果てなき戦いに常に勝利を納めるという勇猛な神です。この話は仏典にも引き継がれ、『正法念処経《しょうぼうねんじょきょう》』には神々とアシュラの壮大な戦いの有様《ありさま》が説かれています。

しかし、勇敢なガルーダはそのインドラの城に行き、その無類の強さで兵たちを一掃し、インドラ本人すらも打ち負かして、アムリタを持ち帰ります。

インドラは雷霆《らいてい》を武器とする偉大な神で、ギリシャ神話のゼウスのような神さまですが、ガルーダには通用せず、雷に打たれてもわずかにガルーダの羽根の一枚が散っただけといいます。

結果、ヴィナターとカドゥルーの立場は逆転し、カドゥルーの子ナーガたちは、ガルーダに餌《え》食《じき》として食われる存在になったといいます。

龍の宿敵・ガルーダ（迦楼羅）

このため、仏典でもガルーダ＝迦楼羅は、龍（ナーガ）の宿敵として位置づけられています。

おそらく、インドの巨人な猛禽類は、コブラなどの毒蛇すらも、いとも簡単にとらえて食べるのでそういうイメージなのでしょう。

迦楼羅は龍を飲み込んでは吐き出して咀嚼《そしゃく》する、極めて残酷な方法で食べるのだといいます。それで龍は悲しい声で泣き叫び、このため迦楼羅には「喰吐悲苦声《じきとひくしょう》」という別名もあるといいます。

これなどは、そういう大きな鳥の捕食《ほしょく》の習性をそのまま迦楼羅に映したものと思います。しかし、インドの古代において、神僧《しんそう》のような人が霊眼《れいがん》で見たりすれば、実際そのような存在なのかもしれません。

☆乳海攪拌《にゅうかいかくはん》とヴァースキ龍王

アシュラはインドラを頂点とする神々の敵ですが、神にも匹敵する超越的な力があるとされました。それゆえ漢訳仏典では「非天《ひてん》」と訳されました。「天に似て天にあらざる者」の意味です。ここでいう天とは、天空の意味「アーカーシャ」ではなく、「デーヴァ」といい、すなわち神の意味です。

漢字では「阿修羅《あしゅら》」と書きますが、仏教ではやはり護法神《ごほうしん》である八部衆の一種です。奈良・興福寺の阿修羅像は有名ですね。

八部衆には、龍と迦楼羅、天と阿修羅のように、宿敵同士の存在も名を連《つら》ねています。仏法の前では、彼らも恨みを捨てて協力するということなのでしょう。

インド神話において、その天と阿修羅が協力し合ったのが「乳海攪拌」の物語です。

聖仙ドゥルヴァーサスは、インドラ神に拝礼《はいれい》して花輪を捧げたが、彼がそれをいとも簡単に可愛がっていたゾウにあげてしまったので、軽く扱ったのを大いに怒り、呪いをかけたといいます。

この呪いのために、インドラ神はじめ神々は力を失い、世界はすっかり荒廃してしまったといいます。

そこで解決策としてヴィシュヌ神は、霊薬である「アムリタ」（甘露）を神々に得させようと、乳海に巨大な亀クルーマの姿となって入り、その上にスメール山（須弥山《しゅみせん》）という宇宙の中心軸に当たる山を置き、それに巨大なヴァースキ龍王を巻きつかせて、阿修羅と神々がヴァースキ龍王をぐるぐる紐《ひも》のようにして交互に引くことで攪拌するという方法をとりました。

阿修羅はインド神話では天の神々に対抗する、事実上の悪魔に相当する扱いですが、その阿修羅たちもアムリタが欲しいので協力することになったのです。

しかし、ヴァースキ龍王が苦しんでハーラハーラという猛毒を吐いたために、乳海はいっぺんに汚染されてしまいました。

その時にこの毒を飲んで世界を救ったのがシヴァ神だといいます。

シヴァはヴィシュヌ、ブラフマンと並ぶインドの三大神で、漢訳仏典では大自在天《だいじざいてん》として知られています。

ちなみにヴィシュヌは毘紐天《びちゅうてん》あるいは那羅延天《ならえんてん》、ブラフマンは梵天《ぼんてん》として知られます。

さて、龍王の毒を飲んだシヴァは、死にはしないものの、その毒の影響で喉が青くなってしまいました。

このお話が、仏教では、後に「青頸観音《しょうきょうかんのん》」という観音さまのモデルとなったといいます。

同じように、日本では庚申《こうしん》さまとして知られる青面金剛《しょうめんこんごう》も、私はこの神話に関わる仏だと思っています。

しかし、乳海攪拌のおかげで、乳海からはアムリタはじめ、さまざまな吉祥《きっしょう》（めでたい）のものが生まれ出たといいます。

美と幸福の女神「ラクシュミー」も、この時、乳海から生まれたといいます。

ラクシュミーは、わが国では「吉祥天《きっしょうてん》」とよばれている女神のことです。

海から美と幸福の女神が誕生するなど、ギリシャ神話のヴィーナスの誕生の話によく似ていますが、実際、ヴィーナスとラクシュミーは歴史的に関係があるという学説もあるようです。

おそらくは、インドのラクシュミーの話のほうが古いでしょう。

さて、ヴァースキ龍王は『法華経《ほけきょう》』では「和修吉龍王《わしゅきつりゅうおう》」として知られ、八大龍王《はちだいりゅうおう》の一尊とします。頭がたくさんあり、一名、「九頭龍《くずりゅう》」といいます。「婆蘇鶏龍王《ばそけい》」とも書きます。インドでは大変有名な龍王です。

ヴァースキ龍王は、ヴィシュヌが乗って休んでいる無窮《むきゅう》の蛇、アナンタ龍王と同体とする説もあります。

アナンタは千の頭を持つナーガといいます。原初《げんしょ》の蛇「アーディシェーシャ」「シェーシャ・ナーガ」の異名もあり、もっとも偉大にして古いナーガラージャ（龍王）の一尊です。

なお、アナンタは普段は、自らの尾を咥《くわ》えた形で、地底世界パータラーに眠っているといいます。この姿は、スイスの心理学者カール・グスタフ・ユング（一八七五〜一九六一）の唱えた深層心理学では、「ウロボロス」といわれる「元型《げんけい》」（アーキタイプ）の一種で、「死と再生」、そして「永遠」をあらわす象徴なのです。

「原型」というのは我々の心の奥に潜んでいるイメージのことで、そこには個人はもちろん、国や民族を超えて共通性が見られます。

ヴィシュヌは、世界が破壊された後、再生するまでの間、アナンタ龍王の上で眠り続けます。

まさにアナンタ龍王は死と再生の象徴です。

アーキタイプとは、我々の中にもとより眠っている原初のイメージのことです。

ユングは、人間はこうした眠れるイメージを統合して個性化していく存在と考えました。

ちなみにこのウロボロスという象徴は、古代中国やアステカ帝国、アメリカ先住民にもみられるといわれます。

☆悪龍《あくりゅう》と善龍《ぜんりゅう》

だいぶ以前、ある霊能者の先生を信仰している人が訪ねてこられ、「龍って、悪い龍は黒く、良い龍は白いんですよね？」といわれたことがあります。

この人が指導を仰いでいる先生には、龍がそのように見えるのだそうです。

その方の先生にいわせると、龍は最上級が金龍で、銀龍、白龍と続くのだそうです。

他にも、悪霊は黒く、良い霊は白く輝いているそうです。

私は、「そうですか？　じゃあ、猫とかでも白い猫は良くて、黒い猫は悪いんでしょうか？」

と聞き返しました。

その人は怪訝《けげん》そうに、「猫と龍は違うのでは？」といいましたが……私にいわせれば同じことです。

たぶんその人の先生は、良くないものは黒く、良いものは白く見える。それだけのことです。そういう設定を潜在意識がしているんですね。

だから、そう見える。それはその人においては事実なのでしょう。

だから、そういう判断でその方のあり方に限り、何も問題ないのでしょうが、ここで忘れていけないのは、霊感などというのは、そもそも主観の最たるものだということです。

それ以外のなにものでもありません。

ですから、こういう霊感的なものの多くは、つまりは汎用《はんよう》してはならないものなのです。

我々には、霊を感じる感覚器官は本来そなわっていません。蜂《はち》には見える紫外線が、人間には見えないのと同じことです。

だから、霊感のある人というのは、目や耳や皮膚の感覚といったもので代用しているのです。

そのものを聞いたり、見たりしているのではないということです。

そして、その置き換えは脳がしていることです。

つまり、実際はすべて脳内で起きているのだと思います。

だから、第三者にはわかりません。今、「あ、霊の声がした！」などといっても、ほかの人には聞こえなくて当たり前です。

つまりは、仕組みは幻覚と同じですが、なんらかの「意味のある幻覚」、それを「霊感」といっているのです。

ですから、意味のないものは霊感などといっても、所詮《しょせん》ただの幻覚とまったく同じです。

そういうものは、実際は本人だけでなく、それを鵜呑みにして信じてしまう人にまで害があるので、良くない点では単なる幻覚以上です。

この先生の場合の、悪いものは黒く、良いものは白く見えるのだというのも、共通了解のもとで初めて展開する、限定された枠組みの中でしか通用しない、ものの見方です。

おわかりでしょうが、これを汎用したら大変です。

それこそ、黒人は良くない、白人は良いというような判断と、まったく変わらないからです。

でも、旧社会、とりわけ西洋社会は、ついこの間まで、こういう酷《ひど》く間違ったものの見方をしてきた、悲しい歴史があります。

心理療法に、「前世療法《ぜんせ》」という分野があります。退行《たいこう》催眠で自分の前世とされるものを認識し、そこから必要な情報を得るワークです。

本当の前世なのかどうかはわかりませんが、極論すれば、これが前世だと認識すれば学びが得られるという選択を潜在意識がして、それを物語化したもの、それが前世療法でいう前世なのだといってもいいでしょう。

私がそれを初めてした時、私の前世は、なんとクロネコでした。

中世ヨーロッパのある家で飼われていましたが、魔女狩りが盛んになるにつれ、クロネコは不吉な悪魔の使いというので、それを飼っていることを隠すあまり、主人が生きたまま暖炉《だんろ》に投げ込み、焼き殺されてしまったというのが、前世療法での私の前世だったのです。

毛色が黒い猫というだけで不吉だというのは、実に愚かな考えです。

このワークを指導してくれたシステムセラピー研究所の畦正彦《うねまさひこ》先生は、その猫の意識のさらに奥には、きっと別な人間がいるだろうと指摘してくれました。

その指摘どおり、さらにワークをしていくうちに、猫の神さまを祀《まつ》る宗教の司祭や、その宗教の信者たちが現れてきました。

詳しいことはわかりませんが、彼らはもともとエジプトかどこかからヨーロッパに来た移民だったようです。古代エジプトのバステト神のような猫神を奉じていたらしいのですが、それがある時からキリスト教会から邪悪な異教徒として激しく弾圧されたのです。

それまではいろいろな宗教が混在していて、おおらかな様子だったようですが、ある時から、魔女や妖術に対する恐怖によって、このような弾圧がだんだんと始まった。そういうことらしいのです。

なんとこの時には、別々にワークをしているのに、一緒に処刑された人や処刑人の前世も出てきて、不思議なリンクが起こりました。

私の前世は、それからはキリスト教国はもう御免《ごめん》だというので、インドへ中国へと転生《てんしょう》をくりかえして、日本にたどりついたようです。

あまりに変なお話で、驚かれましたか？

いうまでもなく荒唐無稽《こうとうむけい》そのものですが、前世療法ではこうした前世と称する物語から学びや理解を得る。そういうワークなのです。大事なことはその前世が、果たして本物かどうかではないのです。

話がそれましたが、そういうわけで黒い龍は悪いというのは、クロネコは良くないというのと同じ理屈なのです。

いいたいことは、霊感で見えること感じることは、あくまで一種独特のその人だけのものの見方ですから、汎用化したり絶対視したりしてはならないということです。

よく新宗教のリーダーや教祖さま的人物は、実は自分はお釈迦さまの生まれ変わりなのだとか、キリストの生まれ変わりであるとかいいます。

そうでなくとも、「生まれ変わり」の話が好きな人の中には、自分は霊能者に見てもらったら中国の貴族だったとか、ヨーロッパの騎士だったとかいいますね。大したものです。

でも、古代社会では貴族や騎士よりはるかに多かったはずの奴隷や召使いなどの生まれ変わりという人には、どういうわけかまだ会ったことがありません。

私の場合はそういうわけで、王さまでも聖者でもなく、魔女狩りの際に焼き殺されてしまった民家のクロネコの生まれ変わりなのです。

まあ、それが本当なら、今は少なくとも猫から人間になったのですから、おおいに喜ぶべきことでしょう（笑）。

話を元に戻しますが、古代インドの神話にも、善い龍と悪い龍のお話が、ないわけではありません。

善い龍の話としてあげるならば、カルコータカ龍王の話があります。この龍王は漢訳仏典では「羯固妊《かつこた》龍王」と表記されています。

カルコータカ龍王は、ナラ王という王を噛みました。ナラ王は賭け事の悪魔にとりつかれていて、王宮を追われた存在でした。龍王の毒は賭け事の悪魔カリを殺しましたが、ナラ王には害はなかったのです。さらに彼はナラ王を小人に変えて、こっそり王宮に忍び込ませ、元の玉座に戻したといいます。

悪い龍の話としては、バラモン教の聖典『リグ・ヴェーダ』に、こんな話があります。天を覆《おお》いつくすほどの巨大な体を持つ悪龍ヴリトラは、水をせきとめてしまい、そのために世の中の多くの人や動物は枯渇して苦しんでいました。

この有様を見たインドラ（帝釈天）は、手にした金剛杵《こんごうしょ》（ヴァジュラ）でヴリトラを打倒し、世の中は再び水の潤《うるお》いを得たといいます。

ヴリトラがどういう意図で水をせきとめたのかわかりませんが、害があるという点では、まあ、一応は悪い龍といってよさそうです。

これも必ずしも悪龍とまではいえないと思うのですが、カーリヤという毒の強いナーガが、ヤムナー川に住み着きました。あまりに毒が強いので、ヤムナー川の水中の生き物はもちろん、河《か》畔《はん》の人や生き物は、皆その毒に当たって命を失ったり、苦しめられたといいます。

そこでヴィシュヌ神の化身である英雄クリシュナが、カーリヤの頭上で踊り、カーリヤを降伏《ごうぶく》したといいます。クリシュナの中には全宇宙が内包されていて、その重みに耐えられず、ついにカーリヤは血を吐いて倒れました。

彼の妻であるナーギニー（ナーガの女性形）たちは挙って姿を見せ、クリシュナに夫の命乞いをしました。クリシュナはこれを許し、毒龍カーリヤの一族はヤムナー川を下って、海中の島に移り住んだといいます。

☆狡猾《こうかつ》な龍　タクシャカ

しかしながら、インド神話の中で、もっと悪龍らしい個性的なナーガといえば、タクシャカでしょう。

カドゥルーの生んだ千匹のナーガの中で、もっとも狡猾だといわれます。

タクシャカは、インドの大叙事詩《だいじょじし》『マハーバーラタ』の主人公・英雄アルジュナの孫であるパリークシット王を、手立てを尽くして咬《か》み殺したとされています。

パリークシット王は、シャミーカという仙人に無礼な行為をしてしまい、シャミーカ仙人の息子シュリンギンによって、七日のうちにタクシャカに咬まれて死ぬという呪いをかけられたといいます。

パリークシット王はその呪いを恐れ、対抗策としてタクシャカが近づけないように海中に巨大な柱を立て、その上に宮殿を建てて住んだそうです。

また、それだけでなく蛇毒を除くという優れた仙人を王宮によびました。

このことを知ったタクシャカは、宮殿に向かう途中の仙人の腕を試し、仙人には自分の毒を無力化する力があると知ると、彼を財宝で買収して王宮へ向かうことを止めさせたといいます。なかなか用心深く、しかもずる賢いナーガです。

それればかりかタクシャカは、仲間のナーガをよんで当の仙人に化けさせ、自らは供物《くもつ》の果物の陰《かげ》にいる昆虫に化けて、まんまと王宮に入りこんだのです。

パリークシット王が献上の果物を受け取ると、タクシャカは即座に本来の姿に戻り、王の首筋に咬みついて彼を殺しました。

殺されたパリークシット王の王子は、怒りに打ち震え、父王の仇としてタクシャカはもちろん、ナーガ族への復讐をかたく決意しました。

彼は力のある聖仙たちを集め、蛇を犠牲に捧げる特別な供犠をおこなわせたのでした。その祭《さい》儀《ぎ》の不思議な炎の魔力によって、地上のナーガ族のほとんどが焼かれて滅んでしまいましたが、当のタクシャカはインドラの宮殿に逃げ込んだといいます。しかし、祭儀の炎がインドラ宮まで迫った時、神々はインドラのために偉大なるナーガの女神マナサ・デーヴィに助けを求め、マナサ・デーヴィが差し向けた息子アースティーカ仙人の仲裁で、インドラもナーガ族もまた滅亡を逃れたということです。

マナサ・デーヴィは『法華経』では八大龍王の一人で、「摩那斯《まなし》龍王」といわれる存在です。

今もマナサ・デーヴィは蛇毒を除くご利益《りやく》があるというので、毒蛇の被害者の多いインドでは絶大な信仰を集めています。

彼女は、かの「無窮《むきゅう》の蛇」であるアナンタ龍王（シェーシャ・ナーガ）の妹です。

さて、ここで問題にしたいのは、果たしてタクシャカは悪い龍なのかという点です。

確かに狡猾な手段を使ってパリークシット王を殺しますが、それはそもそも、仙人に無礼を働いたのがはじまりで、王が仙人の息子シュリンギンによって呪われたせいです。タクシャカは呪いのために差し向けられたのですが、タクシャカ自身にパリークシット王を恨む理由などないのです。

ですから、考えようによっては、ただ与えられた目的を忠実に実行する、賢いナーガということもできます。

しかし、そのタクシャカやナーガ族を、殺された父の仇《かたき》として討とうとする王子の気持ちも決して責められませんし、インドラやナーガ族を助けるために最後に収拾に乗り出したマナサ女神も、決して悪い神さまではないでしょう。

このように、ナーガの働きはさまざまで、悪龍も善龍も単に主客《しゅきゃく》の問題で、本来明確ではありません。

この複雑さはナーガだけではなく、そのままインドにおける人や神々の愛憎の有様そのものであり、そこにはキリスト教でいう「主《しゅ》」とか「父」とよばれる絶対的な善を代表する神や、「魔王サタン」のような絶対的な悪を代表する悪魔は、存在しないのです。

以前、キリスト教徒の方から、「仏教でも龍は悪の存在ですか？」と聞かれて、「いいえ、拙寺《せつじ》（私が住職をつとめる金翅鳥院《こんじちょういん》）では、お祀りしています」といったら、大いに驚かれました。

魔王サタンは大いなる赤き龍であり、龍こそは悪の象徴なのです。

しかしながら仏教においては、先の恐ろしいタクシャカも、仏法を守護する八大龍王の一尊「徳叉迦《とくしゃか》龍王」とされています。

たとえば、大変面白いのは、大叙事詩『マハーバーラタ』の最終段階で、主人公たちは地獄に堕《お》ち、敵役だったカルナは天上に行くことになる。これは普通に考えたら大変などんでん返しです。

しかし私はここに、インド思想における、善悪は決して固定的なものではないという極めて優れた思想を垣間見ることができると思うのです。

密教は、仏教の中でも、バラモン教にもっとも影響を受けた宗教です。

密教の「善悪不二《ふに》」という思想も、淵源的にはこういうところからきているのかもしれません。

☆ヒンドゥー教におけるナーガ信仰

古代インドで信仰されたバラモン教は、やがてヒンドゥー教というかたちに発展していきます。ヒンドゥー教は、現代のインドでも大いに信仰されています。

バラモン教はヴェーダという聖典を中心とした教えですが、ひとつには、時代が下れば「カリユガ」という善くない時代が到来し、人々の機根《きこん》が劣るため、ヴェーダの神々は天上に還《かえ》ってしまい、代わりにもっと強烈な神々が現れてくるという神話があります。

したがってヴェーダの時代に盛《さか》んに信仰されたインドラやヴァルナというような神々は、今のインドではほとんど信仰されていないようです。

代わって、バイラヴァやドゥルガーといった新しい神々への信仰が生まれてきました。

また、信仰のあり方もヴェーダの聖典に基づき、複雑な「祭儀」を中心とするかたちから、「信仰」（バクティ）を中心とするスタイルが主流になってきます。

　そうしたバラモン教の神々や祭儀の一部分は、インドよりもむしろ、日本に残る密教にその片《へん》鱗《りん》がみられるというべきでしょう。

　ちなみに、前述したとおり、インドラは帝《たい》釈天《しゃくてん》、ヴァルナは水天《すいてん》として、わが国の仏教の中にその信仰が残っています。

　また、漢訳仏典で摩利支天《まりしてん》とされるマーリーチは、もともと聖仙の一人であり、風の神の長《おさ》とされますが、今のインドでは遺跡にみられる彫像ぐらいのもので、お祀りしている寺院などは見当たらないようです。

　しかし、これも日本では武芸の神、戦神《いくさがみ》として、中世から武士階級に盛んに信仰され、今に至っています。

インドラ（帝釈天）

ナーガに関しては、今のヒンドゥー教でもよく信仰されているようです。

インドでは、よく、樹木の下に壺《つぼ》などが並べられている光景が見られますが、あれは民間におけるナーガへの供養なのだそうです。

壺の中に何が入っているのかは、わかりません。インドに行ってヒンドゥー教の勉強をしてきた私の弟子も、何が入っているかまでは知らないそうです。

まあ、ナーガは、神というより精霊の一種なのでしょう。

日本では、そういう精霊を拝《おが》む習慣はあまりないですね。お稲荷《いなり》さまの眷属《けんぞく》（従者）であるキツネに油揚げをあげたり、弁天《べんてん》さまの眷属である蛇に卵をお供《そな》えするくらいでしょう。でも、その眷属の主《あるじ》である神さまと切り離しては、そういう供養はしません。

インドにおいて、ナーガをはじめとするさまざまな精霊は、日本でいえば「妖怪」に相当する存在なのかもしれません。

バリ島なども、インドから大分離れているもののヒンドゥー教の信仰圏《けん》ですが、「ピー」という精霊のためのお供物を置く台が、各民家の庭にあります。

前述した、長年インドに行っていた私の弟子は、ヒンドゥーの大家について本格的にヨーガの修行をした人で、私の門下になったのはのちのことですが、ナーガのサーダナー（供養法《くようほう》）などを河畔でおこなうと、実際にナーガは出現するとされているそうです。美しい女性の姿ですが、目が異様に大きいとか、どこかデッサンのおかしい女性の姿で出てくるといいます。

現代のインドではナーガでなく女性形のナーギニー信仰のほうが主で、八大龍王でなく八大龍女《りゅうにょ》の信仰があるそうです。彼女たちは普段は地下世界に住んでいますが、供養すればその人に財宝を施《ほどこ》すといいます。

☆ナーガ・パンチャミー

ヒンドゥー教の三大神の一神・シヴァを讃《たた》える月であるとされる、陰暦《いんれき》の六月半《なか》ばごろは、シュラヴァナの月とよばれています。

この月にはまた、ナーガ・パンチャミーとよばれるナーガの祭が催《もよお》されます。ナーガ・パンチャミーの時期は、ちょうどインドの雨季《うき》に当たります。この時期、雨を避けて家の中にあがったり、活発になってそのあたりを徘徊《はいかい》してくるコブラは、恐ろしい存在です。

しかしながら同時にナーガ（コブラ）は、縁起のいい神聖な生き物ともみなされてもきました。

脱皮を繰り返す蛇の姿は、何度でも生き返る不死のイメージを与えるのでしょう。

シヴァとナーガは関係が深い存在です。シヴァは、ヴァースキ・ナーガ（和修吉龍王《わしゅきつ》）を首飾りのように巻きつけて描かれます。ヴァースキは、前述の乳海攪拌《にゅうかいかくはん》の過程で苦しみの余り恐ろしい毒を吐いてしまったというナーガです。猛毒のナーガをあえて首に巻くことは、自我や欲望を制御することが、私たちに真の幸福を与えることを象徴しているといいます。

しかし、このナーガの働きにより、アムリタという無上の甘露《かんろ》も乳海から生まれました。

この話は、忍耐や欲望の毒を制することは、人生にアムリタ（甘露）を生むという教訓を含んでいるといいます。

ナーガ・パンチャミーにおいては、日のあるうちは断食《だんじき》したり精進《しょうじん》料理を食べて、揚げた食べ物を避け、牛乳とターメリックをナーガへ捧げるといった供養をおこなうことが勧められます。

これらの祭儀は多くの福徳《ふくとく》をもたらし、特に、インド占星術上の命式《めいしき》（宿命の型）において、ラーフ（漢訳仏典では「羅睺《らご》」）とケートゥ（漢訳仏典では「計都《けいと》」）にすべての惑星を挟《はさ》まれるかたちの「カール・サルプ・ドーシャ」という命式を持つ人は、ラーフという天体の時期が巡ると大きな災いに遭いやすいとしますが、ナーガ・パンチャミーの祭儀をおこなうことで、その悪影響を弱められるとされています。

ラーフ（羅睺）

ケートゥ（計都）

これはラーフとケートゥはもともと天空の大龍神であり、ラーフはその頭、ケートゥは尾であるとされています。

もともと一匹の大龍でしたが、ヴィシュヌが武器であるチャクラ（輪）をもって切断したため、二人の禍々《まがまが》しい星の神が生まれたといいます。

ナーガにはよく牛乳が捧げられます。実際の蛇は牛乳など飲みませんが、これは蛇がネズミなどの餌《えさ》を求めて牛小屋の藁《わら》の中で見つかるため牛乳が欲しいのだと考えられてきたためだといいます。

ちなみに、最近では、爬虫類なども置いているペットショップには、「ミルク・スネーク」というアメリカ産の美しいカラフルな小蛇が売られていますが、これもそういう経緯でミルク・スネークというようになったのだそうです。

☆お釈迦さまに帰依《きえ》するナーガたち

さて、特に善なる本性《ほんしょう》を持つわけでもなく、さりとて悪神というわけでもない精霊ナーガに、「信仰」というものを与えたのは仏教です。

仏教学者である引田弘道《ひきだひろみち》先生（愛知学院大学文学部教授）が紹介されている、十一世紀にカシミールでできた仏教経典、『ボーディサットヴァ・アヴァダーナ・カルパラター』には、こんな話があるそうです。

ナーガの子である「スダナ」が、両親に、ナーガの宿命である熱砂の苦しみについて尋ねたといいます。ナーガである両親は、「我々は仏法を未《いま》だ知らないが、ほかのナーガたちは仏法を知っているがゆえに、この熱砂の苦しみがない。仏法を知ることにより、この苦しみを免れるだろう」といいます。

スダナはお釈迦さまを訪ね、両手いっぱいの花を捧げてお釈迦さまを供養し、仏教に帰依します。さらに三か月の間、あらゆる供養をおこない、精舎《しょうじゃ》も立てたといいます。

お釈迦さまは、弟子の阿難尊者《あなんそんじゃ》を通じて、スダナに記別《きべつ》（授記《じゅき》、成仏の予言）を与えます。

「将来、汝《なんじ》は、百劫《ひゃっこう》の長きにわたり不滅である。さまざまな楽を受け、転生してついに悟りを得るだろう」

と。

つまり、ナーガとして非常に長命で幸福であり、その果てに、転生すれば悟りを得るだろうというのです。

これはちょっと面白いですね。ナーガといえば、神通力《じんづうりき》はあっても動物です。サッサと命を終えて転生し、悟りに進むほうが理想的にも思えますが、そうではなく、ナーガとして非常に長命で幸福であるというのです。

中国の禅の書『無門関《むもんかん》』には、「百丈野狐《ひゃくじょうやこ》」というお話があります。

お釈迦さまより前の、はるか過去にいた仏である迦葉仏《かしょうぶつ》の時代に修行した人が、「大悟徹底《たいごてってい》した人は因果律《いんがりつ》を受けないのか？」という質問に、「因果を受けない」と答えてしまったために、五百年の間、転生するたびに野狐《やこ》（のぎつね）の身のままでいる。

それが老人の姿で現れて、その是非《ぜひ》を百丈和尚《ひゃくじょうおしょう》を尋ねるのです。

「因果を受けない」といったために狐になったんだから、「因果を受ける」という風に思えばいいと思うのですが、この老人にはそこが確信が持てず、疑問なのでしょう。

そこでその狐の化身の老人に、百丈和尚が、「不昧因果《ふまいいんが》」、つまり悟りに達したからといって因果律を受けないということはないのだと説いた。それを聞いて老人は、得心《とくしん》した。そして百丈和尚が裏山に行ったら、老狐が死んでいた。かの老人は、ついにめでたく野狐の身を脱することができた……というお話です。

この話、人によっては野狐同様、「悟れば因果律から解脱《げだつ》するのだから、もう輪廻転生《りんねてんしょう》もせず、因果を受けない」というのが本当ではないかと思う人もいるでしょうね。

たしかに、上座部《じょうざぶ》仏教はこの考えです。因果を受けないから存在は完全消滅します。

しかし大乗《だいじょう》仏教では、因果律によって、輪廻してもその環境にとらわれないのが解脱した存在であると考えますから、悟った人でも因果律にのっとって転生するのだと考えます。

ですから、解脱者であるお釈迦さまも、「往来娑婆八千度《おうらいしゃばはっせんど》」といって、何度でも生まれ変わってきて、衆生《しゅじょう》（生きとし生けるもの）を導くのだというのです。

もとの話に戻りますが、どうも日本や中国になると、動物の身＝畜生道《ちくしょうどう》は、地獄道《じごくどう》や餓鬼道《がきどう》と並ぶ三悪道で、よろしくないとばかり思うようですが、この『ボーディサットヴァ・アヴァダーナ・カルパラター』のスダナについての記述を見る限り、お釈迦さまはナーガとして幸福に暮らす道を示しています。仏法を聞いた途端《とたん》、死んでナーガの身を捨てて人間に生まれたなどという話ではないのです。

この考え方は、ご紹介した『無門関』の「百丈野狐」などのお話と比較しますと温度差を感じますが、私にはむしろ、それこそが大乗仏教的なのではないかと思えるのです。

そもそも大乗仏教とは、誰もが解脱《げだつ》できるという道を示す教えです。大勢の、人ばかりでなく生きとし生けるものすべてが解脱の彼岸《ひがん》に着くための仏教なので、「大乗」なのです。

つまり、今ある境涯《きょうがい》のままに解脱して、幸せになる道がある。そうでなくては大乗仏教にならないように思います。「不昧因果即解脱《ふまいいんがそくげだつ》」です。

そのほか、お釈迦さまとの関係で語られる有名な龍王には、『仏伝《ぶつでん》』（お釈迦さまの伝記）において、ムチャリンダ樹の下で瞑想中のお釈迦さまに、七匝《そう》に巻きつき、お釈迦さまを風雨や害虫から守った、巨大なムチャリンダ龍王の話があります。ムチャリンダ龍王は、漢訳仏典では「目真隣陀龍《もくしんりんだ》王」と表記されています。

彼もお釈迦さまに帰依したナーガラージャ（龍王）です。

逆に、お釈迦さまと敵対したナーガもいます。阿波邏羅《あはらら》（アパラーラ）というナーガは洪水を起こして人々を苦しめていたが、お釈迦さまに付随《ふずい》（つきしたがう）する「持金剛者《じこんごうしゃ》」によって降伏《ごうぶく》されたといいます。

持金剛者はお釈迦さまの眷属神《けんぞくしん》で、手に持っている金剛杵《こんごうしょ》を武器にして、お釈迦さまを敵対者から守ります。「執金剛神《しゅうこんごうしん》」ともいい、日本では、お寺の門で番をされている「仁王《におう》さま」（または「金剛力士《こんごうりきし》」）がこの持金剛者に相当します。

この龍王の前世は人間で、人々を苦しめる毒龍を退治した英雄でしたが、だんだんと人々がその恩を忘れて冷遇《れいぐう》しだしたのを恨み、逆に「死んだら来世には龍になって人々を苦しめてやろう」という誓願《せいがん》を立てたのでした。

ムチャリンダ龍王に守られているお釈迦さま（タイの仏伝図より）

阿波邏羅龍王は仏教に帰依すると誓ったのですが、お釈迦さまはこの龍が食料を得るために十二年に一度は暴風雨を起こしてもよいと許可したそうです。

インドにおけるお釈迦さまと龍との関わりのある話をピックアップしてみましたが、お釈迦さまの亡くなったあとの仏教では、龍たちは果たしてどう捉《とら》えられ扱われていったのでしょうか。

第三章

大《だい》乗《じょう》仏《ぶっ》教《きょう》の龍《りゅう》王《おう》たち

☆大乗仏教とは

龍の話の前に、「大乗仏教」について少しお話させてください。

「大乗仏教」というのは、信仰上は「お釈迦さまが説かれた教え」と考えるのですが、歴史学的には、お釈迦さまが亡くなってからだいぶあとにできた仏教です。

わが国の仏教の諸宗《しょしゅう》は、すべて大乗仏教の流れに属します。

大乗仏教が成立したのは、一応、紀元前後とされていますが、正確にいつ頃できたと規定するのは難しいのです。

なぜなら、大乗仏教というのは仏教の一つの「流れ」であり、誰かが明確に大乗仏教の旗揚《はたあ》げをしたのではないからです。

お釈迦さまが亡くなってしばらく経ってから、インドの仏教は、「部派《ぶは》仏教」とよばれる状態になりました。これは、お釈迦さまの教えの解釈の違いから諸派に分かれ、皆、自分たちの派の解釈こそがお釈迦さまの説かれた真実の教えと思い、それぞれの主張をしていたわけです。

タイやスリランカ、ミャンマーで信仰されている現代の「上座部《じょうざぶ》仏教」も、この部派仏教の一つの流れです。

そして大乗仏教も、このような部派仏教の一つの流れが発展していって、成立したのです。

部派仏教と大乗仏教において特筆すべきは、誰も、お釈迦さまの教えとは異なる「新しい仏教」をつくったなどとは思っていなかった、ということです。

その証拠に、お経は、いつできたものだろうと、皆、お釈迦さまの名前でつくられました。自分はお釈迦さまを超えた偉大な存在だから、これこれこういうお経を説くのだ……などということは、ありえませんでした。

なお、大乗仏教は、部派仏教の流れから出てきたものではありますが、ほかの派とその説が大きく異なるため、大乗仏教を「部派仏教の一派」とは考えません。

大乗仏教が、ほかの派とどう違うかというと、一番の違いは、出家者でなくても悟りに至れると考えたことです。在家《ざいけ》主義といって、普通に仕事をしたり家庭を持っていたりしても悟れるというのが、一番の眼目《がんもく》です。

しかし、そうはいっても、「悟りを求める」などといえば、今日の日本でも「お坊さんになるの？」（出家するの？）と、周囲の人からいわれてしまうのが実情ではあります。

しかし、「ボーディ・サットヴァ」とよばれる人々が、大乗仏教の旗頭《はたがしら》とされました。

文殊菩薩（奈良・安倍文殊院蔵）

ボーディ・サットヴァは、「悟りを求める人」という意味で、漢訳仏典では「菩提薩埵《ぼだいさった》」、略して「菩薩《ぼさつ》」といわれます。菩薩とは、すなわち、大乗仏教の修行者のことです。

彼らは、必ずしも「お坊さん」ではありません。出家の菩薩ももちろんいましたが、多くの菩薩は在家だったのです。頭も剃《そ》っていないし、美しい衣装や髪飾りもつけていました。

大乗仏教の信仰対象となる「観音《かんのん》菩薩」（観音さま）なども、そのような在家の姿で表現されますね。「観音菩薩」や「弥勒《みろく》菩薩」などの、信仰対象として仏像や仏画に表現される菩薩たちは、大乗仏教の修行者としての菩薩の大先輩、すでに悟りの奥義《おくぎ》に達した存在とされています。

先ほどもいいましたように、大乗仏教は、決して新しい仏教をつくったつもりはないのですから、当然、こういう大先輩の菩薩がいます。お経もあくまでお釈迦さまのお言葉として伝えられているのです。

それどころか、お釈迦さまの先輩とされる「文殊《もんじゅ》菩薩」なども登場します（※文殊菩薩は、多くの経典ではお釈迦さまの弟子として登場しますが、経典によっては「実は文殊菩薩はお釈迦さまの先輩であった」と説かれているのです）。

文殊菩薩を、「過去七仏《かこしちぶつ》の師」であると説くお経もあります。

お釈迦さま以前に、七人もの仏さまがいたというのです。大乗仏教の考えでは、仏教はお釈迦さまに始まるのではないのです。

ちなみに『法華経《ほけきょう》』（『妙法蓮華経《みょうほうれんげきょう》』）は、日本においては、『般若心経《はんにゃしんぎょう》』の次に多くの人に読まれているお経ですが、その『法華経』の「如来寿量品《にょらいじゅりょうほん》」には、「真のお釈迦さま」（これを「久《く》遠実成《おんじつじょう》の本仏《ほんぶつ》」といいます）は、はかりしれないほど遠い過去世から、世の中にくり返し現れ人々を導いてきた偉大なマスター（導師）であり、歴史上のお釈迦さまはその一つの化身の姿にすぎないと説かれています。

また、大乗仏教は、「縦」（時間、三世《さんぜ》）にも「横」（空間、十方《じっぽう》）にも、無数の仏さまを想定しました。たとえば有名な仏さまでいえば、阿弥陀《あみだ》如来、大日《だいにち》如来、薬師《やくし》如来などはそれです。

タイやスリランカ、ミャンマーで信仰されている上座部仏教は、これとは大きく異なり、真に悟った存在であるブッダは、お釈迦さま以外いません。そのお釈迦さまも、もう「涅槃《ねはん》」に入られたため、完全にこの世を支配しているとされる生まれ変わりの原則、「輪廻《りんね》」（サンサーラ）の外の存在ですから、日本のようにお釈迦さまになにかしら祈願をしたり、法要《ほうよう》をするということはないのです。だって、もういらっしゃらないのですから。

お釈迦さまの仏像はありますが、それはなにかを祈願したりする対象ではなく、お釈迦さまの威徳《いとく》をしのんで礼拝《らいはい》するのみです。

「涅槃」というのは、苦のもとであるこの娑婆《しゃば》世界の生まれ変わりである輪廻を離れて、二度と生存をしないことです。

涅槃の原語の「ニルヴァーナ」というのは、「火を吹き消す」という意味です。

その火とは、「我々の欲求」です。つまり、何らかの欲が少しでもあれば、また転生《てんしょう》してしまうのです。

「輪廻」がなぜそんなにいけないのでしょう。「無明《むみょう》」といって、輪廻の仕組みを知らなければ、永遠にこれを繰り返すからです。

死んだままじゃなく生まれ変われるなら、そのほうがうれしいと思うかもしれません。でも、人間界や天の神々の世界に生まれ変わるとは限らないのです。

むしろ、動物（畜生《ちくしょう》）や餓鬼《がき》や、果ては地獄《じごく》に堕《お》ちることもあり、そのほうがはるかに多いのだと考えました。その原因は、欲望によって知らず知らずのうちに悪い「業《ごう》」（カルマ）を積むからということです。

一度は天界のような素晴らしいところに行っても、また地獄に行く可能性もあるのです。永遠に終わることはないのです。

輪廻の危険な輪に二度と乗らないためには、欲望の完全消滅である「涅槃」が望ましいのです。悟れば涅槃ですが、肉体のあるうちは「有余《うよ》涅槃」（余りのある涅槃）といいます。お釈迦さまが菩提樹《ぼだいじゅ》の下で悟られてから、いろいろな教えを説かれたのは、この「有余涅槃」の間ということです。

上座部仏教では、悟った人は、亡くなってしまえば完全消滅の「無余《むよ》涅槃」（余りなき涅槃）に入ると考えますから、もうどこにもお釈迦さまは存在しえないのです。

しかし大乗仏教では、お釈迦さまのように悟った人は、亡くなったあとも消滅せず、あえて輪廻の中にあって我々を救済しつづける存在と考えます（これを「無住所《むじゅうしょ》涅槃」といいます）。

そのように悟った人は、あえて輪廻の中にありつつ、同時に、輪廻の及ばない世界「浄土《じょうど》」にも存在するとしました。

たとえば、阿弥陀如来の浄土である「極楽《ごくらく》世界」は、そこに行けば「不退転地《ふたいてんじ》」といって、もう二度と輪廻の輪に乗らずにおれます。そういう優れた世界を、輪廻の輪の外に想定したのです。

お釈迦さまの場合は、「霊山《りょうぜん》浄土」（霊鷲山《りょうじゅせん》浄土）です。たとえ世界が終わりを迎え大火に焼かれて滅ぶといえども、この浄土は常に安穏《あんのん》であると、『法華経』の「如来寿量品」に説かれています。

龍女成仏《りゅうにょじょうぶつ》の話

そういう違いがありますから、大乗仏教では、誰でも仏に成《な》れる。従来、仏に成れないとされていた女性でも、仏に成れると説きました。

それまでは「女人《にょにん》の五障《ごしょう》」といって、女性は世界の王者たる「転輪聖王《てんりんじょうおう》」、神々の王「帝釈天《たいしゃくてん》」、色界天《しきかいてん》の王「梵天王《ぼんてんおう》」、そして「ブッダ」、果ては「魔王」にもなれないとされてきました。

その代表的なお話が、『法華経』の「提婆達多品《だいばだったほん》」に説かれる「龍女成仏」の話です。

これは、海中の龍宮《りゅうぐう》で教えを説いていた文殊菩薩が、龍の一族である八歳の龍女を連れてお釈迦さまの御前《おんまえ》に現れる話です。

龍宮というのは、おとぎばなしの「浦島太郎」に出てきますが、ルーツはむしろお経にあります。八大龍王《はちだいりゅうおう》の一尊、「娑伽羅《しゃがら》龍王」の宮殿のことです。

娑伽羅とは梵語の「サーガラ」の音写《おんしゃ》で、「海」のことです。「海龍王」ということですね。

ちなみに、奈良時代や平安時代に、中国大陸に遣隋使《けんずいし》や遣唐使《けんとうし》を送る際、航海の安全を祈って『海龍王経《かいりゅうおうきょう》』というお経が盛《さか》んに読まれました。

これは海の神である龍王を怒らせず、無事に航海するためです。

日本の神道《しんとう》では、海龍は「ワダツミ」といいます。今ではこの語は、詩歌《しいか》の世界では海の別名にも使われますね。

ヤマトタケルノミコトが航海している時に海が荒れたので、やむなく妻のオトタチバナヒメが海に八枚の畳《たたみ》とともに身を投じて、「いけにえ」になったという話が、日本神話の中にあります。

娑伽羅龍王

仏教でも神道でも、海に住む龍神の怒りは、時に高波や嵐となって現れると考えたのです。

その龍宮で、長らく説法していたのが、文殊菩薩です。

文殊菩薩は別名を「龍種上尊王仏《りゅうしゅじょうそんのうぶつ》」といいます。龍種とはナーガの一族だということです。つまり、このお名前からすると、文殊菩薩は龍の身から修行して仏さまになったのだと思います。

ですから、海中の龍宮にいてもまったく平気なのはそのためでしょう。

文殊菩薩の連れてきた龍女は、お釈迦さまに、成仏の証《あかし》として宝珠《ほうじゅ》を捧げます。

仏弟子の舎利弗尊者《しゃりほつそんじゃ》が、これを見とがめて「女人は成仏できないのだ」と龍女をさとしますが、龍女は、「この宝珠は成仏の証です」といいます。

そして彼女は、「お釈迦さまがこの宝珠を受け取ってくださるならば、たとえ私が女性であっても成仏に差し支えがないということです」と述べます。

果たしてお釈迦さまは、宝珠をみ手に納められ、龍女はもろもろの仏弟子や菩薩の皆が見ている前で、めでたく成仏を果たします。

ここのくだりは、「変成男子《へんじょうなんし》」といって、『法華経』の中でも有名な箇所です。

龍女が女性の身から男性になり、そして仏となる場面です。

ここをもって「女人成仏」ということを盛んにいうのですが、男女平等が当たり前の現代になると、逆に龍女がわざわざ男になってから成仏するのは、むしろ「女性蔑視」の表れだと非難する向きもあります。

もちろん、古代インドに限らず、大昔は、わが国でも女性は子供のうちは親の所有物で、嫁に行けば今度は夫の所有物のように扱われてきた事実があります。

『法華経』は古代インドでできたのですから、お経はそういう時代背景のもとで成立したという前提で読み解かないと、大事なものを読まず、ただ現代の感覚でケチだけつけるようになります。

テレビ時代劇の「水戸黄門《みとこうもん》」のラストで、人々が土下座《どげざ》して黄門さまの悪代官やアコギな豪商をこらしめたのを感謝する場面を、「土下座など身分差別」だといってテレビ局を非難しても始まりません。同じことでしょう。

でも時々、そういうトンチンカンなことをいう人はいるようです。

その他、お経には「奴婢《ぬひ》」などという言葉も出てきます。これも当時のインドならではの話です。

逆に宗教には「原理主義」といって、あくまで原典と少しも変わりなくこれをおこなうべきだという立場の人がいますが、その多くは時代錯誤に陥《おちい》らざるを得ません。

イスラム教の過激派、イスラミックステートやタリバーンなどはそれです。女性は学問をしてはならない。人権も存在しないということまで主張しています。

いかなる宗教でも、極端な「原理主義」は、概《おおむ》ね人々を自由にせず、専《もっぱ》ら苦しめるだけの存在になってしまいます。

龍女が女性から男性に、そしてブッダになるのは、そういう時代背景を知れば、どんどん自由になっていく姿の表現なのです。

「大本《おおもと》」という神道系教団の教主、出口王仁三郎《でぐちおにさぶろう》という人は、この『法華経』の「変成男子」に対して、「変性女子」ということをいわれた。王仁三郎さんはどちらかというと細やかで女性的な徳《とく》があり、外は男性で内面は女性。逆にもう一人の教祖さんともいうべき王仁三郎さんの義母、出口なおさんは、女性だけど剛《ごう》の性質があり「変性男子」だといわれた。実際に王仁三郎さんが平安時代あたりの女御《にょうご》姿に変装している写真もあります。

それで、『法華経』の変成男子などはおかしいといわれました。

私はここで、あえて王仁三郎さんを批判するつもりはありません。王仁三郎さんのいっている意味もよく分かるからです。

ユング心理学という学問では、誰でも内なる異性がある。男性には女性としての自分「アニマ」、女性には男性としての自分「アニムス」が無意識の中にあり、ユングはこれらを排斥するのでなく、むしろ認め統合していく道を「個性化」といいました。

つまり、どんなに優しい「手弱女《たおやめ》」の中にも男性性があり、どんなにいかつい「大丈夫《だいじょうふ》」の中にも女性性はあるのです。

統合されれば、それぞれの性の中で異性の良さも醸《かも》し出されます。

戦火を潜《くぐ》り抜ける荒ぶる男性戦士にも幼子《おさなご》をいつくしみ守る母性や、心優しい乙女にも毅然《きぜん》として不正や悪に立ち向かう凛とした心が備わるのです。

王仁三郎さんは、本当に大きな仕事は「変性女子」でないとできないといっていますが、これはユング的には統合された男性の意味に当たると思います。

王仁三郎さんのいっていることは、これはこれで大変に学びのあることと思います。

しかし、『法華経』の変成男子は、そういうこととはまた違うことをいっているのです。誰であっても成仏は可能という、大乗仏教の一つの表現なのです。

さらに注目したいのは、八歳龍女は女性であるばかりでなく、龍なのです。

そして、八歳という、本来ならば難しい仏教の教えのことなどはまだわからぬ、子供でもあります。

ここに大乗仏教の、女性だけでなく動物も子供も成仏できるのだという、大きな救いの可能性が見て取れるのです。

最近はワンちゃんや猫ちゃん、そのほか小鳥や亀やいろいろなペットでも、お葬式や供養《くよう》をする習慣が増えています。

動物専用の墓碑《ぼひ》や霊園もあるようです。

これに対して、「動物に宗教など関係ないのだから、所詮《しょせん》は生きている人の自己満足だ」などという人もいますが、私はそうは思いません。

ものいわぬ彼らに、お経や真言《しんごん》を読み聞かせることも、大きな功徳《くどく》になると信じています。たとえば、「善住秘密宝楼閣陀羅尼《ぜんじゅうひみつほうろうかくだらに》」というご真言などは、鳥獣はもとより虻や蛾や蟻に対して読んでも、彼らが功徳を得られるといいます。

もっとも、お葬式についての考え方は、宗派によりさまざまです。

その宗派の考えで、人生の最後にもっとも必要と思われることがなされるわけです。

私の属する天台《てんだい》系宗派の思想では、亡くなったものに「戒《かい》」を与え（授戒《じゅかい》）、仏弟子として得度《とくど》するのがお葬式の主な役割です。

「戒」は文字通り「戒《いまし》め」の意味で、仏教徒としてしてはいけないことです。

一番簡略な在家の五戒《ごかい》は「不殺生《ふせっしょう》、不偸盗《ふちゅうとう》、不邪淫《ふじゃいん》、不妄語《ふもうご》、不邪見《ふじゃけん》」（※五戒の最後は通常は「不飲酒《ふおんじゅ》」ですが、私は不邪見を採用しています。その理由については大法輪閣刊の拙著『あなたの願いを叶える 最強の守護神 聖天《しょうでん》さま』の92頁以下をご参照ください）ですが、仲間意識はあっても人間のような倫理のない世界に生きていた彼らにはどうでしょう。

私はむしろ、授戒よりも、専ら、読経や真言を中心にして果報《かほう》を祈るほうがよいのでは？ と思うので、ペットのお供養を頼まれても、戒名《かいみょう》をつける、引導《いんどう》を渡すなど、人間のような「お葬式」というスタイルはとっていません。

よそのお寺さまがどうしているかは存じ上げません。これは私一人の「そのほうがいいと思う」というだけの考えであり、ペットの葬儀をよくないなどというつもりは、まったくありません。

浄厳《じょうごん》和尚という江戸時代の真言宗《しんごんしゅう》の名僧が、江戸で、密教の儀式である「結縁灌頂《けちえんかんじょう》」をおこなったら、犬が二匹来て受けたといいます。

この話が実話か否《いな》かは知りませんが、私はそのようなわけで、動物の臨終《りんじゅう》に授けるなら密教の真言こそと思っています。密教の修行は仏教の最高峰といわれ、難しい部分もあるのですが、同時に教えのわからない最下根《さいげこん》（もっとも仏教を学び難《がた》い存在）にも救済の手だてのある、勝《すぐ》れた教えだからです。

長くなりましたが、私にはこの『法華経』の龍女成仏の話は、男性の、女性の、などという区別どころか、生き物全体の成仏の話のように思えるのです。

ちなみにこの八歳龍女は、厳島明神《いつくしまみょうじん》と同体であるとか、真言宗では「善女龍王《ぜんにょ》」の本地《ほんじ》（正体）であるとかといわれています。

善女龍王は「善如龍王」とも書き、弘法大師空海《こうぼうだいしくうかい》が唐《とう》（中国）から帰る船の中に示現《じげん》して、大師の教法《きょうほう》を守ると誓ったそうですが、時々、唐服を着た男性の姿で描かれているのを拝見します。後ろに龍の尾がわずかに見えるので、龍神ということがわかります。

八歳龍女だとすると、何故、お姿が男性なのかわかりませんが、ひょっとするとこれは「変成男子」を果たした龍女の姿を表現したのかもしれません。

高雄《たかお》の神護寺《じんごじ》（京都市）の守護神、「清瀧権現《せいりゅうごんげん》」というのも、この善女龍王と同じ神だといわれます。こちらは女御姿《にょうご》で、女性として描かれています。

これらの龍神さまについては、またあとでお話しましょう。

☆難陀《なんだ》と跋難陀《ばつなんだ》

難陀と跋難陀は兄弟の龍王で、仏典ではもっとも有名な龍王です。難陀が兄。跋難陀は宇婆《うば》難陀ともいい、弟です。もともとは、お釈迦さまのお説法の場に、この二匹の巨大な龍が現れ、説法の妨《さまた》げになりそうだったのを、神通《じんづう》第一の仏弟子・目連尊者《もくれんそんじゃ》が自ら大龍となってこの二匹を調伏《ちょうぶく》し、お釈迦さまの弟子に加えたといいます。

目連尊者は龍の分身をつくって、二龍王の体を自由に出入りして調伏したといいますから、まあ、一種の催眠術で龍たちを幻惑《げんわく》したのでしょう。

ちなみに、この神通力にたけた目連尊者も、死して餓鬼道《がきどう》に堕《お》ちた母を救えずにお釈迦さまに救いを求めたり、仏教に反感を持つ人々に迫害を受けて終《しま》いには死んでしまいます。

なお、目連尊者が母を救う手立てとしてお釈迦さまから教えられたのが、餓鬼道に堕ちた衆《しゅ》生《じょう》を救済するための「施餓鬼会《せがきえ》」でした。

今でいう「お盆」は、そういう「施餓鬼会」をして苦しむ餓鬼を救済することがそのルーツでした。

目連尊者のように優れた「神通力」があっても、そういう因果《いんが》や人生の苦は免《まぬが》れないのでしょう。

実際に「霊能者」などという人も、個人的には、さまざまな苦痛や問題を抱えていたりするのが普通なのです。

人間であることに少しも変わりはありません。

むしろ超常知覚がある分、余計に苦しんでいるといってもいいでしょう。

仏教は「超能力者」や「霊能者」になる道などではないことは、これを見ても明らかです。

以前私は、「霊能があるので自分を弟子にしてほしい」という方から電話を受けたことがあります。

かなり自信があるようなので、私はその方にいいました。

「霊能があるといっても、うちで弟子になれば、今いる一番下の弟子の下につくのですよ。それでいいのでしょうか？」

「なぜですか？　私には優れた霊能力があるといったでしょう」

「なぜって、あなたが霊能者でも、そうでなくても、そんなことは仏教の世界では関係ないからです。そして先輩は先輩、後輩は後輩です。

もし、自分は神通広大《じんづうこうだい》で人後《じんご》に落ちないというなら、凡庸《ぼんよう》な私なんかの弟子などにはならず、自分で独自に活動されたらいかがです？」

相手の方はこの言葉に呆《あき》れられたのか、電話を切りました。

でも、私にいわせれば、失礼ながら勘違いしているのはご本人なのです。

それは将来、修行の暁《あかつき》に祈祷《きとう》の道場でも持つなら、そういう霊能があっても悪くないでしょうが、修行の段階から振り回すなどというのは、思い違いも甚《はなは》だしい、論外の考えでしかありません。

さて、難陀・跋難陀の二龍王は、仏教上ではもっとも有名で、大変に強力な龍王です。

お釈迦さまが生まれた時、天から甘露《かんろ》を降らせてこれを祝福したのも、この二龍王を筆頭とする八大龍王だといいます。

『阿娑縛抄《あさばしょう》』という天台宗の密教の解説書には、これら八大龍王は「生身《しょうしん》の釈迦」の眷属《けんぞく》（従者）と記しています。

「生身の釈迦」とは、大乗仏教的ないいかたをするなら、「応身《おうじん》」（肉体を持ってこの世に現れた仏のお釈迦さま。つまり、歴史上のお釈迦さまのことをいいます。

他にも、准胝仏母《じゅんでいぶつも》（准胝観音ともいう）の眷属ともされていて、仏母の乗る蓮台《れんだい》の左右に侍ります。また、「北斗曼荼羅《ほくとまんだら》」で、「釈迦金輪仏《しゃかきんりんぶつ》」の座する須弥山《しゅみせん》に巻きついているのも彼らです。「如意宝珠《にょいほうじゅ》曼荼羅」でも、二匹仲良く宝楼閣《ほうろうかく》の左右にいます。

難陀龍王

この二龍王はタクシャカ・ナーガやシェーシャ・ナーガに比べれば、インド神話の中ではそれほど有名ではないようですが、仏教とはとても縁の深い龍王です。

また、難陀龍王は娑伽羅《しゃがら》龍王とともに、千手観音《せんじゅかんのん》の眷属二十八部衆《にじゅうはちぶしゅ》にも名を連ねています。

面白いのは、奈良の長谷寺《はせでら》（真言宗豊山派《ぶざんは》総本山）のご本尊である十一面観音《じゅういちめんかんのん》の、脇侍《わきじ》としての難陀龍王です。

この十一面観音は、真言密教と融合した神道（「両部神道《りょうぶ》」といいます）の考えでは、「諸神《しょじん》の総《そう》本地《ほんじ》」（すべての神々の正体）とされています。つまり、日本の神社で祀《まつ》られているすべての神は、この十一面観音の化身とであるいうのです。それで、その十一面観音の両脇に、雨宝童子《うほうどうじ》と難陀龍王がいるのです。

雨宝童子は、皇室の祖神「アマテラスオオミカミ」の仏教的なお姿です。そしてもう一方の難陀龍王は、かつて日本の臣下《しんか》の代表とされてきた摂関家《せっかんけ》「藤原氏」の守護神、春日明神《かすがみょうじん》なのです。なぜ春日明神が難陀龍王なのでしょう。春日明神は「タケミカヅチ」という雷の神さまです。龍王は雷や雲をよぶので、春日明神に当てられたのでしょう。

なお、『不空羂索真言経《ふくうけんじゃくしんごんきょう》』によると、これら兄弟の龍王はその昔、大海の龍王である前述の娑伽羅龍王と戦ったといいます。娑伽羅龍王もなかなか強い龍王で、両者は勝負がつかず、双方が強烈な毒を吐き散らして戦ったので、海はすっかり汚染されてしまい。事態を重く見た観音さまがその毒を吸い取って飲んだので、首が青くなったのが「青頸観音《しょうきょうかんのん》」といいますが、たぶんこれは、本書第二章でご紹介したインド神話の乳海攪拌《にゅうかいかくはん》のお話の仏教バージョンでしょう。

☆お袈裟《けさ》と龍

流儀にもよるでしょうが、「地鎮祭《じちんさい》」などしますと、作法の中では着けている袈裟をいったん脱いで地面に傾ける所作《しょさ》をして、「金翅鳥《こんじちょう》の龍の言《げん》ずることなく大地に袈裟を敷くは、堅牢地神《けんろうじじん》の咎《とが》めあることなし」といいます。

これは地面の神さまである「堅牢地神」に、袈裟の功徳を捧げるものです。

つまり、お袈裟を受ければ、地面の神さまも仏教徒なので、悪さはしないということです。

地の神は、古来、とても祟《たた》りやすい存在といわれてきました。ゆえに「方鑑《ほうかん》」といって、いつ、いつは土地をいじってはいけない、などという取り決めがあります。

現代の人の中には、「そんなの迷信だ」などと頭からいう人がいますが、そういう人に限って、何も確かめることなく「非科学的だから」の一言で葬《ほうむ》り去ります。しかし、その態度のほうがよほど非科学的でしょう。

以前に、「大安《たいあん》」とか「仏滅《ぶつめつ》」を記した六曜《ろくよう》付きのカレンダーだか暦《こよみ》だかを、どこだかの県で「差別的」などといって配布中止にしたそうですが、どうして差別的なのでしょう。

科学的ではないにしても、差別的というのはどういうことなのか理解に苦しみます。

生活文化の中で六曜を使っている人に対して迷信と決めつけて、わざわざ使えないように削るほうがよほど差別的ではないでしょうか。疑問に思わざるを得ません。

かつて、中国はこういう頭の人が集まって「文化大革命」という暴挙をおこない、東洋医学、気功《きこう》、武術、文学、演劇、宗教、芸術、習俗、歴史建造物などの貴重な歴史的財産に取り返しのつかないダメージを与え、当の中国では今やそのことは大きな反省になっているようです。

アメリカや香港《ほんこん》の一流企業の多くは、こういう風水《ふうすい》的なものをとても大事する傾向にあります。そうした企業の自社ビルの多くは、風水をもとに厳密に設計されたものがとても多いのです。

願わくはこういう科学迷信に凝《こ》り固まった不自由なものの考え方が、エスカレートしないことを祈るものです。

さて、土地の神さまも袈裟をうければ祟らない。では「金翅鳥の龍の言ずることなく」とはどういう意味でしょう。

これは龍の宿敵である「金翅鳥」（ガルーダ、迦楼羅《かるら》のこと）に襲われ食べられてしまうという災難が、袈裟をつけた龍にはないということです。

仏教の考えでは、龍には三災といって、「熱砂に焼かれる」「暴風に吹きまくられる」「金翅鳥にとられる」という三つの難があります。

このうち、熱砂に焼かれたり暴風に吹かれたりして、たとえ神通力で姿は人間のように変身していても、衣も冠も吹き飛ばされて正体を現してしまうというのは、おそらく自然界に生きている蛇などを見て同じようなことがあると考えたのでしょう。

ジリジリ焼けつくような熱砂の砂漠を行く蛇や、大風に吹かれ樹木に隠れていても正体を現してしまう蛇。きっとそういう感じなのでしょう。

まして蛇が、金翅鳥ならぬ猛禽《もうきん》にとられるなどというのは、自然界の食物連鎖の一環として、当時のインド人は常に見ていたと思います。

こうした三災がないのが、仏教に帰依《きえ》する「善龍《ぜんりゅう》」とされる龍たちなのです。

彼らは仏法の守護神として戒を受け、仏教徒の証《あかし》である袈裟を身につけているのだと信じられています。このため龍の三災がないのです。

曹洞宗《そうとうしゅう》の宗祖・道元禅師《どうげんぜんじ》は、『正法眼蔵《しょうぼうげんぞう》』の「袈裟功徳」の中で、『大乗本生心地観経《だいじょうほんじょうしんじかんぎょう》』から、袈裟の十勝利《じっしょうり》を挙げています。


一には、能《よ》く其《そ》の身を覆《おお》うて、羞恥《しゅうち》を遠離《おんり》し、慚愧《ざんき》を具足《ぐそく》して、善法を修行す。

二には、寒熱及《およ》び、蚊虫・悪獣・毒虫を遠離して、安穏《あんのん》に修道《しゅどう》す。

三には、沙門《しゃもん》出家の相貌《そうみょう》を示現し、見る者は歓喜《かんぎ》して、邪心を遠離す。

四には、袈裟は即《すなわ》ち是《こ》れ人天《にんでん》の宝幢《ほうどう》の相《そう》なり、尊重し敬礼《きょうらい》すれば、梵天に生ずることを得《う》。

五には、著《じゃく》袈裟の時は、宝幢の想を生じ、能《よ》く衆生の罪を滅《めっ》し、諸《もろもろ》の福徳《ふくとく》を生ず。

六には、本《もと》、袈裟を製するには、染めて壊色《えじき》ならしむ、五欲の想を離れ、貪欲《とんよく》を生ぜず。

七には、袈裟は是れ、仏の浄衣《じょうえ》なり、永く煩悩《ぼんのう》を断じて、良福田《りょうふくでん》と作《な》るが故に。

八には、身に袈裟を著《つ》くれば、罪業消除《ざいごうしょうじょ》し、十善業道《じゅうぜんごうどう》、念念《ねんねん》に増長す。

九には、袈裟、猶《なお》、良田《りょうでん》の如し、能《よ》く菩薩の道を増長する故に。

十には、袈裟、猶、甲冑《かっちゅう》の如し、煩悩毒箭《どくせん》、害すること能《あた》わざるが故に。


袈裟は、数珠《じゅず》と並んで、仏教徒には何よりも大事なものです。

私は若いころ、修験道《しゅげんどう》の「結袈裟《ゆいげさ》」というお袈裟を、うっかり畳の上に直《じか》に置いてしまい、先《せん》達《だつ》さんに「いけない！」と注意された覚えがあります。お坊さんが法衣《ほうえ》をたたむ時も、袈裟は一番上に乗せて、衣の下にすることはしないものです。

本書読者の皆さまも、輪袈裟《わげさ》などをお持ちでしたら、くれぐれも大事に扱いましょう。

☆八大龍王《はちだいりゅうおう》

仏教で一番有名な龍王のグループといえば、やはり「八大龍王」でしょう。『法華経』の「序品《じょほん》」に登場する、八尊の龍王です。

天地が六度振動して奇瑞《きずい》（めでたいしるし）をあらわし、弥勒菩薩は大いに驚きますが、過去七仏の時代から生きている文殊菩薩は、

「ああ、これは、『法華経』が説かれる時の奇瑞だ。お釈迦さまが『法華経』を説こうとしているのだ」

と、冷静にいいます。

八大龍王は、『法華経』を聴聞《ちょうもん》するために、挙《こぞ》ってお釈迦さまのもとを訪れますが、ほかにも緊那羅《きんなら》、摩睺羅迦《まごらが》、阿修羅《あしゅら》、乾闥婆《けんだつば》の王たち、それに龍の恐ろしい天敵の迦楼羅《かるら》王たちまでがやってきます。仏法聴聞の庭には、敵も味方もないのです。そのほかにも大勢の仏弟子や菩薩たちが、綺羅星《きらぼし》のごとく連《つら》なる中、『法華経』の説法は始まるのです。

ただし、このあと、『法華経』の本文では、八大龍王は龍女成仏《りゅうにょじょうぶつ》のくだりで娑伽羅《しゃがら》龍王の名

が出るだけで、あとは出てきません。

むしろ、八大龍王の詳しい記述は、密教経典の『七仏八菩薩所説大陀羅尼咒経《しちぶつはちぼさつしょせつだいだらにしゅきょう》』にこそ見られます。

しかしながら八大龍王は、古来、『法華経』の列座に連なった仏法の守護神、もしくは『法華経』そのものの守護神として、極めて篤《あつ》く信仰されてきました。

メンバーの筆頭は、すでに紹介した難陀《なんだ》龍王、跋難陀《ばつなんだ》龍王の兄弟です。

難陀龍王は、『七仏八菩薩所説大陀羅尼咒経』の記述では、衆生《しゅじょう》のさまざまな病苦を除き、女人に身を変えて王の後宮に入り込み、女性の身にある者に菩提心《ぼだいしん》を発《おこ》させるといいます。

跋難陀龍王は、国王などの為政者《いせいしゃ》の信仰を守り、国土や国民を安穏に、また隣国の王が悪心を起こさぬようにするといいます。核兵器の開発などしている隣国の為政者を抱えるわが国には、必要な龍王さまです。

三番目は、海の中の龍宮《りゅうぐう》に住む娑伽羅龍王。八歳龍女の父です。

『七仏八菩薩所説大陀羅尼咒経』の説くところでは風雨をつかさどって国を潤《うるお》し、作物を実らせるばかりでなく、法雨《ほうう》をもって我々の菩提心の芽を育てる龍王です。

四番目は、かの乳海攪拌《にゅうかいかくはん》で毒を吐いてしまったヴァースキこと和修吉《わしゅきつ》龍王。この龍王は妙高《みょうこう》山《せん》（須弥山《しゅみせん》）に住み、細い小さな龍を食べる、九つの頭を持つ「九頭龍《くずりゅう》」といいます。キングコブラなどの大蛇は、他の蛇を丸呑《まるの》みするといいますから、そういう性格が映されているのかもしれません。

『七仏八菩薩所説大陀羅尼咒経』の説くところは、仏の教化を助け、衆生の福田《ふくでん》を潤して菩提心を増長するといいます。つまり、物質的にも助けてくれる、有り難い龍王なのです。

五番目は徳叉迦《とくしゃか》龍王。和修吉龍王とは友達で、策《さく》を用いてかのパリークシット王をかみ殺した、執念深いあのタクシャカのことです。仏教神話では吉祥天《きっしょうてん》の父ともいわれます。『七仏八菩薩所説大陀羅尼咒経』では、この恐ろし気な龍王は、龍身をあらわすといえども実は龍の業《ごう》は身に受けておらず、人々を生死《しょうじ》の海を渡らせて涅槃《ねはん》の岸にいざなうといいます。

この龍王は眼毒《げんどく》龍王ともいって、睨《にら》まれれば死ぬのだともいいます。ギリシャ神話の怪物メドゥーサみたいですね。また、舌がたくさんあり、多舌《たぜつ》龍王ともいいます。

六番目は阿那婆達多《あなばだった》龍王。阿耨達《あのくだ》龍王とも無熱池《むねっち》龍王ともいいます。北天竺《てんじく》（北インド）の阿《あ》那婆達《なばだ》池に住むといいます。ここに住む龍王には、熱砂の苦しみはないといいます。極めて徳の高い龍王です。一切龍馬の上首《じょうしゅ》（リーダー）とされます。人々に智慧弁才《ちえべんざい》を与え、五感の不調や精神疾患なども治してくれると、『七仏八菩薩所説大陀羅尼咒経』にはあります。

不動明王の眷属・阿耨達童子

なお、不動明王《ふどうみょうおう》の眷属《けんぞく》である八大童子《はちだいどうじ》の一尊である阿耨達《あのくだ》童子は龍に乗っており、その龍が阿耨達龍王（阿那婆達多《あなばだった》龍王）であるとも見えますが、童子自体がかの龍王なのだとも思えます。もっとも、頭に金翅鳥の冠を載せていますから、金翅鳥の化身とも見えます。

ちなみに、日本でできたお経『最勝《さいしょう》護国宇《ごこくう》賀耶頓得如意宝珠王陀羅尼経《がやとんとくにょいほうじゅおうだらにきょう》』によれば、日本の人面蛇身の神・宇賀神《うがじん》は、この龍王の一族といいます。

第七番目の摩那斯《まなし》龍王は、マナスヴィンといわれる龍王で、インドでは女性の龍王（ナーギニー）。シェーシャ・ナーガの妹ともいうナーギニーです。南インドでは、今でも篤《あつ》く信仰されています。天の神々の軍勢と阿修羅軍が戦い、帝釈天の城まで津波が襲ってきた時に、それを体で防いだといいます。それゆえ、大身《だいしん》龍王の別名があります。一切蝦蟇《がま》龍の上首とします。蝦蟇蛙《がえる》のようにずんぐりした龍なのでしょうか。娑伽羅龍王とともに、しばしば雨乞《あまご》い祈祷の対象となります。『七仏八菩薩所説大陀羅尼咒経』にも、時節にふさわしい雨を降らせて穀物《こくもつ》を実らせ、人々を安楽せしむとあります。

最後の優鉢羅《うはつら》龍王は、青蓮華《しょうれんげ》の池に住む龍王といわれています。この龍王は、『七仏八菩薩所説大陀羅尼咒経』の説くところでは、人々の重い苦しみや病を除き、富貴《ふうき》を得せしめ、殊《こと》に官職を与えるとします。

「元三大師《がんざんだいし》」という尊称で知られる天台宗の高僧・慈恵大師《じえだいし》良源《りょうげん》（比叡山《ひえいざん》の十八代座主《ざす》）は、しばしばこの優鉢羅龍王に化身したという物語があります。

元三大師は非常に霊験《れいげん》に優れた方で、学僧としても有名な高僧であり、比叡山で大師信仰といえば宗祖・伝教大師《でんぎょうだいし》最澄《さいちょう》というよりは元三大師をさすことが多いといいます。

そんな元三大師の伝説に、ある山伏《やまぶし》が健脚《けんきゃく》の験《げん》を競って大師に競争を挑んだといいます。如何《いか》に修行を積んだ高僧でも、健脚では山伏に勝てまいと思ったのでしょう。まんまと目的地の熊野《くまの》の滝に先に着いたと思ったら、巨大な龍が滝から現れ、驚きのあまり彼は龍に数珠を投げつけて逃げました。

後日、大師は「あの時の数珠だ」と、山伏に数珠を返したと聞きます。この龍王が優鉢羅龍王といわれます。

また、大師の弟子が八大龍王の舟遊《ふなあそ》びをしている霊夢をみたところ、一人、優鉢羅龍王の姿だけが見えない。不思議に思って尋ねると「かの龍王は今、比叡山にあって法務《ほうむ》をされているのでここにいないのだ」といわれたそうです。

それで、優鉢羅龍王と元三大師は一体といわれます。もっとも、通常は大師の本地《ほんじ》とされているのは如意輪観音《にょいりんかんのん》ですが、「元三大師無言加持《むごんかじ》」という秘法の中では、独特の九頭龍《くずりゅう》の印《いん》を結びます。九頭龍といえば前述した和修吉《わしゅきつ》龍王が思い浮かびますが、ここでは優鉢羅龍王を表す印といえるかもしれません。

『七仏八菩薩所説大陀羅尼咒経』に説かれる八大龍王は、いずれも過去無量劫《むりょうこう》より無数の如来に仕《つか》え、仏よりおのおのが独自の陀羅尼を授かっていて、人々を解脱《げだつ》せしめる力を持つ存在です。もちろん、おのおのの龍王たち自身も、内証《ないしょう》はとうに悟りを得て解脱しており、ただ龍の身を方便《ほうべん》としてあらわす存在であるとします。

このように『七仏八菩薩所説大陀羅尼咒経』の八大龍王は、人々の業障《ごっしょう》を除き悟りに導くなど、むしろ菩薩に近い存在として説かれています。

八大龍王を祀《まつ》るお寺は、大峰山《おおみねさん》の登拝口《とうはいぐち》として有名な奈良県洞川《どろがわ》の龍泉寺《りゅうせんじ》（真言宗醍醐派《しんごんしゅうだいごは》）、東大阪市・生駒山《いこまさん》上の龍光寺《りゅうこうじ》（釈王宗《しゃくおうしゅう》）、同じく東大阪市の天龍院《てんりゅういん》（金峯山修験本宗《きんぷせんしゅげんほんしゅう》）、千葉県市川市の中山法華経寺《なかやまほけきょうじ》（日蓮宗《にちれんしゅう》）、神奈川県鎌倉市の霊光寺《れいこうじ》（日蓮宗）などが知られています。

　また八大龍王を祀る神社は、宮崎県高千穂町《たかちほちょう》の八大龍王水神社《すいじんしゃ》および八大之宮《はちだいのみや》、埼玉県秩父市の今宮《いまみや》神社などがあります。

　なお、徳島県の海岸地方や前述の生駒山系は、八大龍王のお宮やお寺がとても多いところです。

　さて、私はなぜか八大龍王というと、「虹《にじ》」を連想します。

　虹が出ていると、「ああ、八大龍王さま……」と思い、合掌《がっしょう》します。

　虹は雨と関係するし、また『七仏八菩薩所説大陀羅尼咒経』の教えから、とても徳の高い、天空的なイメージを、八大龍王に対して私が持っているからだと思います。

　なお、一般に知られる八大龍王は『法華経』に由来するわけですが、密教の独特な八大龍王というのもあります。『法華経』のそれとは少しメンバーが異なり、難陀龍王（ナンダ）、婆素鶏《ばそけい》龍王（ヴァースキ）、徳叉迦龍王（タクシャカ）、羯固妊《かつこた》龍王（カルコータカ）、般摩《はつま》龍王（パドマ）、摩訶《まか》般摩《はつま》龍王（マハーパドマ）、商佉波羅《しょうきゃはら》龍王（シャンカパーラ）、鳩利迦《くりか》龍王（クリカ）が、『何耶掲唎婆《かやきりば》観世音菩薩受法壇《かんぜおんぼさつじゅほうだん》』という馬頭観音《ばとうかんのん》の儀軌《ぎき》に登場します。

　『法華経』の八大龍王とメンバーがかぶっている部分もありますね。難陀龍王、婆素鶏龍王、徳叉迦龍王がそれです。

　婆素鶏龍王は、実は和修吉龍王のことで、音写が異なっているだけです。

また『大摩里支菩薩経《だいまりしぼさつきょう》』や『仏説瑜伽大教王経《ぶっせつゆがだいきょうおうきょう》』にも、ほぼ同様の八大龍王が登場しますが、わずかに難陀龍王（ナンダ）が阿難陀《あなんだ》龍王（アナンタ）に代わっています。

馬頭観音の儀軌類には、多くこれらを眷属として説きます。

チベット仏教のニンマ派の祖・パドマサンバヴァ（蓮華生大師《れんげしょうだいし》）は、八世紀中頃の人で、日本でいえば弘法大師のような伝説や霊験談《れいげんだん》に富む人ですが、この人はチベット人ではなく、実はパキスタンの人です。チベット入りした時、地元のボン教の神々や精霊を調伏《ちょうぶく》して、皆従わせたという伝説があります。

八大龍王の話もその一つになっていて、彼らはどうしても従わなかったため、パドマサンバヴァは大忿怒《だいふんぬ》の馬頭観音に変じ、住家の湖水の上に現れて、湖の水をすべて沸騰《ふっとう》させてしまったといいます。これにはさすがの龍王たちもすっかり参り、以後、護法神になったといいます。

馬頭観音とこれらの龍王との関係は、非常に深いものがあります。

霊能者であった私の姉弟子は、越後《えちご》（新潟県）の馬専門のお医者さんの家系に生まれ育ち、実家では先祖代々馬頭観音を祀っており、彼女自身も馬頭観音に非常に縁の深い人でした。

ある時、私の師匠が、彼女の息子さんが喉が痛くて治らないというので、彼女の家にご祈祷に行って、洒水《しゃすい》という水を入れる器にお香を落としたところ、それがうねうねと動き出したといいます。

「まるで蛇のようだ」と思って息子さんの喉に手をやると、ざわざわと何かが伝わってきます。それを「霊媒《れいばい》祈祷」（神仏や霊を降ろす祈祷）したところ、眷属の蛇が現れ、馬頭観音が長く信仰されず荒廃しているので祀ってほしいと告げた、という話を聞きました。

まあ、これは蛇ですが、インドのナーガはもともと蛇ですから、違いはないはずです。のちにこの蛇はまた霊媒に出てきて、師匠のお寺においてくれといいましたが、師匠は「ご本尊は眷属が多いから無理だ。寺の外にいるように」といい渡したそうです。

そうしたらある日、郵便配達の人が、大慌てで寺に駆け込んできました。

「一体どうしたのです？」と聞いたら、境内《けいだい》の保存樹である大イチョウに、大蛇が巻きついているというのです。この人は霊眼《れいがん》があるのでしょう。普通の人にはわからないことです。

この体験から師匠は、馬頭観音のことを調べ、実は馬頭観音は多くの龍王を眷属としていると知ることができたそうです。

また、最近のお話ですが、私にもこの馬頭観音がらみの龍王にまつわる話があります。拙寺《せつじ》（私が住職をつとめる金翅鳥院《こんじちょういん》）の本尊は、十一面観音なので、大祭《たいさい》には十一面観音の護摩《ごま》を焚《た》きます。

この護摩には、面白いことに、馬頭観音が付随《ふずい》して出てきます。十一面観音の護摩では、馬頭観音が、「部主《ぶしゅ》」という、極めて重要な役割を担《にな》うのです。つまり、護摩という行事の「監督」のような存在です。

そうしたら、護摩を焚いたあとで、代々民間陰陽師《みんかんおんみょうじ》の家系だった霊能者の弟子から、「先生は今日の護摩では龍をよんだのですか?」と聞かれました。

私は凡僧《ぼんそう》ですので、そういわれても何も見えません。

「なぜ、そのようなことを聞くのか?」と問うと、護摩の最中に、首のまわりに輪っかの模様のついた龍が、道場にやってきていたというのです。

それが本当なら、思うにこれは羯固妊《かっこた》龍王（カルコータカ）でしょうか。なぜなら、この龍王は首まわりに三本、白い筋が輪のようについているといいます。師匠は馬頭観音をよぶと、まず八大龍王がいつも先に来るんだといっていました。

なお、チベットでは、龍を怒らすと恐ろしい病気になるといいます。彼らは白いものが好きなので、バターなどを捧げると聞きました。

馬頭観音の儀軌に出てくる作法では、乳粥《ちちがゆ》を供養するといいます。

☆水天《すいてん》

八大龍王が、すべての龍王のトップの存在であるかというと、そうではありません。

実は『法華経』に出てくる八大龍王は、「水天」の眷属ともされています。

水天は梵名をヴァルナといい、インドの極めて古い神で、なんと紀元前十四世紀の文献に、早くも登場しています。

しかもその文献とは、ヨーロッパ大陸から西アジアまでを治めたヒッタイトとミタンニという西アジアの二つの国の条約の文章です。

極めて広い範囲で信仰されていたのです。

司法《しほう》神、天空神、水神といった性格を持った、最高神的存在だったようです。

水天（ヴァルナ）

紀元前十二世紀ころに編纂《へんさん》されたバラモン教の聖典『リグ・ヴェーダ』の中でも、ヴァルナはインドラ（帝釈天《たいしゃくてん》）やスーリヤ（日天《にってん》）と並び、重要な神とされていますが、インドラの敵アシュラ（阿修羅）とも関係の深い神といいます。

しかし、司法や天空というような、あまり具体的な性格を持たぬ神だったため、だんだんとその性格を失い、四大元素のうち、水神としてのみの性格を残しました（ちなみにここでいう四大元素とは水、風、火、土です）。

水を自由に操るというところから、インドラが退治した、水をせきとめたという大龍ヴリトラとも同一視されたようです。

密教では「八方天《はっぽうてん》」の一尊とされ、西の方角を支配します。このため西を那伽方《ながほう》（ナーガの方位）ともいいます。

ヴァルナは漢訳仏典では縛嚕那《ばろな》、縛嚕拏《ばろだ》などと音写されますが、『大雲輪請雨経《だいうんりんしょううきょう》』では、輪蓋龍王《りんがいりゅうおう》として登場します。

『大雲輪請雨経』は、その名の通り「雨乞《あまご》い」のお経です。

輪蓋とは、コブラは首を輪のように膨《ふく》らませるので、この名があるのかもしれません。

なお、輪蓋龍王は、奈良の唐招提寺《とうしょうだいじ》の守護神とされます。戒律《かいりつ》を伝えるため日本に来る途中、開山《かいざん》の鑑真和上《がんじんわじょう》がうっかり、「仏舎利《ぶっしゃり》」（お釈迦さまのご遺骨、もしくはお釈迦さまのご遺骨として信仰される宝石など）を海に落としてしまったところ、金色の亀がそれを載せて現れたといいます。

この亀が、実は輪蓋龍王の化身でした。

なお、神社としては、全国の「水天宮《すいてんぐう》」が有名ですが、こちらの御祭神《ごさいじん》は「アメノミナカヌシノミコト」と「安徳天皇《あんとくてんのう》」です。

これは、壇ノ浦《だんのうら》の合戦《かっせん》でなくなった平家《へいけ》一門と幼い安徳天皇を慰《なぐさ》めるために、福岡の久留米《くるめ》に、伊勢《いせ》という女官《にょかん》が祀ったのが「水天宮」の始まりだそうです。

伊勢はのちに、彼らの菩提《ぼだい》のため尼僧になったといいますから、仏教的意味合いもあるのでしょうが、水の神「水天」の名を冠《かん》したのは、安徳天皇を水中の帝《みかど》と思ったからでしょうか。

この話から逆に出たのかと思いますが、『平家物語』の最終の談で、壇ノ浦の合戦で安徳天皇とともに水中に没した三種の神器《じんぎ》のうち、「草薙《くさなぎ》の剣」だけがいくら探しても見つからない。

そこで有名な海人の体に、高僧が『法華経』の経文を書きつけ、再び水中を探させたところ、海中に仮御所《かりごしょ》のようなものがある。不思議に思って行ってみると、そこには安徳帝と平家一門がおられ、

「草薙の剣はもともと、龍宮の宝だ。その昔、スサノオノミコトがヤマタノオロチの尾から

盗んで、長く人間界の宝とされてきた。このたびはこれを取り戻すため、かのオロチが生まれ変わって安徳帝となり、人間界に源平《げんぺい》の大乱を起こし、このようにやっと剣を取り返すことに成功した。もはや返しはせぬ」

という場面で終わるといいます。

『平家物語』には、いくつか異本があり、これはその異本のお話のようです。

おもしろいですね。

さて、修験道には、「縛嚕《ばろ》拏《だ》天水《てんすい》消《しょう》 生火《しょうか》の大事《だいじ》」というのがあります。

これは修験道のいわゆる「火渡り」の時に修します。「火生三昧《かしょうざんまい》」といって、いくつかの作法がありますが、これは「火生」ならぬ「火消」です。

水天と八大龍王の力で、火を伏《ふく》して抑《おさ》えます。

面白いことに、作法が終わって龍王たちに還《かえ》ってもらうと、また火は再度起きてきます。

私は、「天蓋《てんがい》護摩」といって、師匠のお寺は町中にあったため火渡りができないので、壇の上に紙の天蓋を吊《つ》って護摩を焚きましたが、その際、最後にこの作法をして、護摩の残り火の中に手を入れて焼けないことを確認させられました。

不思議なものです。

たくさんの龍王が描かれた「請雨経曼荼羅」

師匠からは、これができるうちはまだご祈祷は効くのだと教わりました。
水天は水の支配者ですから、当然、雨乞いの本尊です。水天は「龍索《りゅうさく》」といって、蛇が縄《なわ》のようにとぐろを巻いたものを持っています。
今ではそういうものは滅多には修されないと思いますが、「請雨経法《しょううきょうほう》」と並ぶ雨乞いの密教祈祷である「水天供《く》」という作法では、この龍索を藁《わら》や木で編《あ》んでつくって河川に流すということをします。
その際は、後ろの尻尾《しっぽ》に向かって実際の蛇に似せて細くつくることが大事といいます。

☆ 倶利伽羅龍王《くりから》

倶利伽羅龍王は、先の馬頭観音の話に出てきた密教系の八大龍王のうち、鳩利迦龍王《くりか》（クリカ）と同じ龍王です。

密教系の八大龍王は、ほとんど日本では知られていませんが、この鳩利迦龍王だけは別です。

この龍王は、あの不動明王《ふどうみょうおう》の剣に巻きついているとされています。

倶利伽羅剣を持つ不動明王、もしくは不動明王を象徴する剣と龍の姿を、「倶利伽羅不動明王」ともいいます。

不動明王の持つ剣は大智剣《だいちけん》といい、煩悩《ぼんのう》を斬《き》る仏の智慧を表現しますが、もともと倶利伽羅龍王の話に出てくる剣はお釈迦さまが七十五種の外道《げどう》（他宗教）と戦い、ついに相手は大きな剣と変じてお釈迦さまに切りかかろうとしました。それをお釈迦さまは倶利伽羅大龍となって飲み込んでしまったというのです。

この、飲み込んだというのが面白いですね。仏教には、確かに元々の異なる思想や宗教を飲み込む力があります。

この倶利伽羅龍王もインド土着の龍神ですが、仏教はこれを吸収して、仏教の守護神としているわけです。

この龍王は不動明王の化身というより、不動明王そのものともされていて、その身は金色で額《ひたい》上に半月型の角を持ち、四つの足はそれぞれ降三世《ごうざんぜ》明王、軍荼利《ぐんだり》明王、大威徳《だいいとく》明王、金剛夜叉《こんごうやしゃ》明王の四大明王を表すといいます。そしてその鳴き声は、二万億の雷が一時《いっとき》になったようであるとされています。

倶利伽羅龍王の信仰は不動明王と切っても切れない関係にあり、しかも不動明王の持つ剣と一体として深く信仰されてきました。

倶利伽羅龍王

「不動尊剣《ふどうそんつるぎ》の文《もん》」には、

「一には矜羯羅《こんがら》、二には制吒迦《せいたか》、三には倶利伽羅《くりから》、四天下童子《てんがどうじ》。薬師尼使者《やくしにししゃ》。不動尊の頭《こうべ》には白き蓮華を頂《いただ》き、額に水波《すいは》の皺《しわ》をたたえ、左の眼には天を見守り、右の眼には地を見開き、口には阿吽《あうん》の二字を含み、両の牙には天地和合《わごう》とかみしめ、左の肩には一弁髪《べんぱつ》を垂れ、悍《かん》慢《まん》の大磐石《だいばんじゃく》を踏み鎮《しず》め、大迦楼焔《だいかるえん》を現じ、外面《おもて》には忿怒《ふんぬ》の相《そう》を示し、内心には深く憐れみを垂れ給《たも》う、御身《おんみ》には九條曼荼羅《くじょうまんだら》の袈裟を懸《か》けさせ給い、左の御手《みて》には三匝《そう》半の縄を持ち、右の御手には三尺三寸の両刃《もろは》の剣《つるぎ》を携《たずさ》え、この剣には一々諸神《しょじん》籠《こも》らせ給う。

まず、切先《きっさき》は正八幡大菩薩《しょうはちまんだいぼさつ》、焼刃《やきば》は倶利伽羅龍王。鎬《しのぎ》の高さは御運出世《ごうんしゅっせ》の摩利支天《まりしてん》、鍔《つば》の丸さは日月を表し、縁《ふち》と頭《かしら》は陰陽の二つ、切羽《せっぱ》鎺《はばき》は阿吽の二字、右の柄節《へいせつ》三十三、左の柄節三十三、これ日本国中《にっぽんこくじゅう》六十余州大小《だいしょう》の神祇《じんぎ》、鮫《さめ》の小数は天の末社、これ三百六十余神を表したまう。中にも粗《あら》き親鮫は、宵《よい》の明星《みょうじょう》、夜中の明星、夜明けの明星を表したまう。

南無大日大聖不動明王《なむだいにちだいしょうふどうみょうおう》、この剣を以《も》って如何なる悪病にても退散なさしめ給え」

とあります。

つまり、この剣自体が一つの曼荼羅なのですね。

これにより倶利伽羅龍王は悪魔退散、外道降伏《ごうぶく》の表示として、密教家や修験者《しゅげんじゃ》に深く信仰されてきました。

真言宗犬鳴《いぬなき》派《は》大本山七宝瀧寺《しっぽうりゅうじ》のご本尊、倶利伽羅大龍《だいりゅう》不動明王は、倶利伽羅剣そのままのお姿です。また、石川県の倶利迦羅不動寺《くりからふどうじ》のご本尊、倶利迦羅不動明王もとても有名ですが、いずれも龍神信仰というより、どちらかといえば不動明王を背景とした信仰のようです。

☆広目天《こうもくてん》

広目天とは、インドの言葉でヴィルーパークシャという神ですが、「四天王《してんのう》」のおひとりです。よくスポーツなどでもナントカ四天王といいますが、北を「毘沙門天《びしゃもん》」、東を「持国天《じこく》」、南を「増長天《ぞうちょう》」、そして西は「広目天」が守護するといいます。

もともとは彼らは神々の王である「帝釈天」の家臣であり、インド神話の宇宙観では、天界でもっとも地上の我々に近いところとされる霊的な山、スメール山（須弥山《しゅみせん》）の中層「四天王天」という世界に住んでいるとされます。

毘沙門天は、七福神《しちふくじん》にも数えられ、有名ですね。

それぞれ彼らには強力な部下がいます。毘沙門天には夜叉《やしゃ》と羅刹《らせつ》、持国天には乾闥婆《けんだつば》と毘舎遮《びしゃしゃ》

広目天

鬼《き》、増長天には鳩槃荼《くはんだ》と薜茘多《へいれいた》。そして広目天には龍と富単那《ふたんな》が当てられます。

いずれも耳慣れない名前ですが、すべてインドの鬼神です。

「夜叉」は日本では鬼のことですが、インドでは「ヤクシャ」とよばれ、樹木などに住む精霊で、飛行自在で神通力があります。「羅刹」である「ラークシャサ」は、それよりは神通力においてやや劣るが、さらに凶暴だとします。インドでは樹木に住むヤクシャの障礙《しょうげ》を恐れて、あえて子供を大樹の下には近づけない風習も見られるそうです。

乾闥婆は「ガンダルヴァ」といい、帝釈天に仕《つか》える楽神《がくしん》ですが、子供の守護神として幼児を襲う十五鬼神を退治する「童子経法《どうじきょうほう》」の主祭神《しゅさいじん》でもあります。蜃気楼《しんきろう》のことも、人が死んで「中有《ちゅうう》」といわれる六道《ろくどう》の分岐にとどまる姿ともいいます。ものの香りを食べる存在です。

毘舎遮鬼は「ピシャーチー」といわれる鬼神で、未来予知の力を人間に与えることができるといいます。

私の弟子になっている井口という人がいます。インドで長くヒンドゥー・タントリズム（ヒンドゥー教の密教）を修行した人で、いろいろ面白い話をしてくれるのですが、彼のヒンドゥーの師匠に聞くと、このピシャーチーのサーダナ（供養法）は決してしないほうがいいといわれているそうです。ある占星術師が、どうしても未来予知の力が欲しくてこれの秘法を修したら、当たるようにはなりましたが、どんどん生気を吸い取られてしまうそうです。この鬼神は、歯の抜けた醜い中年女性の姿で現れるといいます。

鳩槃荼と薜茘多は「クンバンダ」と「プレータ」のことで、クンバンダは陰嚢《いんのう》が瓶《かめ》のように大きい鬼だそうです。日本では信楽焼《しがらきやき》の「たぬき」の置物《おきもの》みたいなのでしょうか？　これも人に取《と》り憑《つ》くといいます。

とりわけ、人の健康な睡眠を妨《さまた》げて災いをよぶ「夢魔《むま》」に相当します。

「プレータ」はいわゆる餓鬼の類《たぐい》です。本来は迷える死霊の意味でしたが、六道の一つに相当します。それだけに、いろいろな種類の餓鬼があるようです。

龍と富単那は、龍はいわずと知れたナーガですが、富単那は「ブートナ」あるいは「ブータ」といい、死霊の一種です。ちょうど中国映画のキョンシーみたいなもので、吸血鬼だそうです。

彼らは我々人間とまったく別な存在ではなく、死に方によってこうした鬼の類になるというものもあるようです。たとえば今の富単那は事故死、刑罰による死、自殺など、いわゆる横死《おうし》を遂げたものがなるといいます。

このほかにも「ベータラー」といって、大きなトカゲのようなものもあり、これに取り憑かれたら体中から死臭がしてたまらないのだそうです。

また、日本では仏教系お稲荷《いなり》さまのことである「ダーキニー」（ダキニ天）は、お産で死んだ女性がなるもので、やはり凶悪な鬼神といいます。

チベット仏教では大変尊崇しますが、インドではダーキニーは悪鬼であり信仰対象ではないと聞きました。ただしこの凶暴なダーキニーも、インドでもっとも人気のある神さまの一尊、カーリー女神に仕える存在といいます。

思うに仏教、とりわけ密教は、こうしたヒンドゥー教で嫌われ者だった下層の鬼神を、礼拝や供養の対象にまで格上げしている部分があります。

以前、若いころの話ですが、毘沙門天を勧請《かんじょう》したら、次々と霊関係のご祈祷をすることが多くなりました。私の知る霊関係の祈祷でもっとも手の込んでいるのは、「精霊供養《しょうりょうくよう》」という七日にわたってするものですが、それを十回以上もする羽目《はめ》になったのを覚えています。

この時、毘沙門天は鬼神を配下にして束《たば》ねる首領だというが、本当だなと思いました。

もともとは夜叉女の鬼子母神《きしもじん》なども、実はこの毘沙門天の配下です。彼女は人の子供を捕《と》って自分の子供の鬼（鬼子《きし》）の餌食《えじき》にしていましたが、最愛の末の子供をお釈迦さまにかくされてしまい、地獄から天上界まで神通力を尽くして方々《ほうぼう》探しまわり、最後に万策《ばんさく》尽きて自分の上首である毘沙門天に教えてもらって、お釈迦さまを訪ねるのです。

彼ら四天王は、死後、こうした鬼神になった人たちを再度、善導《ぜんどう》するために、自分の元に置いているのでしょう。有り難いことです。

このためか、天部の神々は、普通はお葬式では拝《おが》みませんが、四天王が出てくる次第《しだい》（儀式でのお経や真言の順番などを書いたもの）があります。ですから私は、お葬式をする道場にも、四天王は置いていいと思います。むしろ望ましいかもしれません。

四天王は、死後の我々に深く関わる特別な存在なのです。

広目天は、ナーガの方位である西をおさめます。龍を配下とするといいますが、広目天自身も偉大な龍王で、修験道でする「火渡り修行」の時など、私たちの流儀ではこの広目天の火伏《ひぶせ》の印《いん》を結んで火を渡ります。

私の師匠が修行時代、自分の師匠である四国松山の大西義正《おおにしぎしょう》先生のお寺で天ぷらをつくっていた時のこと。誤って熱い油を腕に浴《あ》びてしまったそうです。

その時、大西先生に広目天の火伏の印をもってお加持《かじ》してもらい、みるみる真っ赤になっていた腕の腫《は》れがひいていき、大いに驚いたそうです。

そしてわが師は、自分も早くこのような術の優れた行者になりたいと思ったということです。私は大西先生には存命中にお会いしたことはないですが、なかなか気性の激しい方で、九字《くじ》を切れば翌日、稲《いね》の穂がざっくり切れて折れていたといいます。にわかには信じがたいことですが、このころはそういう行者さんが四国にはまだ何人もいたようです。

さて、ナーギニーといわれる龍女《りゅうにょ》のサーダナー（供養法）をすると、美女の姿をした八大龍王ならぬ八大龍女が出現するそうですが、彼女たちは目が異様に大きいなどどこか人間離れしているというそうです。

広目天も目が異様に大きいのでしょうか？　千里眼《せんりがん》を持つものなどの意味があるようです。広目天は三叉戟《さんさげき》を持つ姿であらわされますが、古くは筆と巻物を持つ尊像が多いようです。これが何を表すのかはわかりませんが、閻魔さまのように我々人間の善悪を記すのでしょうか？千里眼で何でも見通されて、記帳《きちょう》しているのかもしれません。

これも四天王が死後の我々に深く関わるためかもしれないと、私は思います。

なお、中国の広目天は龍神然《ぜん》としていて、右手に蛇、左手に宝珠を持つのが一般的です。

第四章

中国の龍《りゅう》神《じん》信仰

☆中国における龍のイメージ

さて、龍というと、中国の龍を連想することがとても多いですね。

日本のお寺やお宮の装飾もそうです。

そもそも中国の龍のデザインというのは、顔はラクダ、目は鬼、角は鹿、体は蛇、鱗《うろこ》は鯉《こい》、手足はトラであるといいます。そして爪はタカで四本、五本のものが最上《さいじょう》ともいいます。

もっとも、『西遊記《さいゆうき》』には、手ごわい妖怪「黄風大王《こうふうだいおう》」をやっつける「八爪《はっそう》の金龍《きんりゅう》」というのも出てきます。

もちろん、この姿は想像上のものでしょうが、日本神話に登場するヤマタノオロチの姿なども、江戸時代の錦絵《にしきえ》では、しばしばこの中国の龍の姿で描かれています。

オロチというのは巨大な蛇のことですが、どうも蛇そのものに描かれているのは、あまり見ません。

しかし、日本においても龍についての歴史は古く、『魏志倭人伝《ぎしわじんでん》』には、日本の邪馬台国《やまたいこく》の人々が、龍を避けるために体に「いれずみ」をしていたとあります。

この龍は、どうも蛇ではないように思います。

また、中国における龍のイメージも、歴史とともに変わっています。

紀元前の龍などは翼があり、西洋のドラゴンのような姿のものもあります。

ですから、前述の総合動物のようなイメージは、その中の一つに過ぎないといえましょう。

龍は、中国が統一されると、代々の王朝で権威の象徴とされてきました。

つまり、皇帝の象徴です。ですから、皇帝の尊顔《そんがん》を「龍顔《りゅうがん》」ともいいました。

黄色い龍は、殊《こと》に尊いものとされてきました。

黄色は、万物《ばんぶつ》の構成要素である「五行《ごぎょう》」（木・火・土・金・水）のうち「木」に相当し、中央に位置する尊いものと考えたからです（「木」は中央に置かれる要素）。

清朝《しんちょう》などでも、皇帝の着るお召《め》し物は、黄色が好んで用いられたようです。

なお、中国では、龍には、九匹の子供がいるという説もあります。

順に紹介しておくと、まず第一子は「贔屓《ひいき》」。その姿は、亀に似ています。重きものを背負うことを好むとされるため、大きな建物の柱の下などに、その像が飾られることがあります。「贔屓の引き倒し」は、そこから出た言葉です。よく似た霊獣である龍亀《りゅうき》や、北の守護神・玄武《げんぶ》とは、区別されます。

第二子、「螭吻《ちふん》」。遠大《えんだい》なことを望むことを好む霊獣といいますが、もともとはハイタカの尾を持つ霊獣とされたようです。唐代《とうだい》には魚類のような姿になりました。鯨《くじら》に似ているともされ、姿やイメージは一定していません。一説に、これが日本のお城などの屋根にいる「しゃちほこ」の原型ともいいます。しゃちほこが高い城のてっぺんにあるのは、この螭吻の持つ遠大なことを望む性格のためでしょう。「螭」の字は伝説上の猛獣の一種。虎に似て鱗があるもの。水中に住む龍である「蛟《みずち》」という意味があります。

第三子、「蒲牢《ほろう》」。姿は龍に似ています。吼《ほ》えることを好む霊獣とします。あるいはクジラを襲い、その鳴き声を好むともいいます。その姿は良く吠えることから釣鐘《つりがね》や梵鐘《ぼんしょう》の上の部分に意匠《いしょう》として使われています。

第四子、「狴犴《へいかん》」。姿は老虎に似ていて、怪力があり、裁判やおしゃべり、力を好む霊獣といいます。古代の官庁や司法庁の門に意匠として見られ、監獄の別名にもなっています。

第五子、「饕餮《とうてつ》」。姿は体は牛か羊で、曲がった角、虎の牙、人の爪、人の顔などを持つとします。饕餮の「饕」は財産を貪《むさぼ》る、「餮」は食物を貪るの意味だということです。つまり、何でも貪り食う猛獣です。そこから魔を喰らう、という考えが生まれ、後代には魔除けの意味を持つようになったといいます。このため銅や玉でできた祭具《さいぐ》や酒器《しゅき》などに意匠として見られ、これを「饕餮紋《もん》」というそうです。

第六子、「虯蝮《はっか》」。姿は魚類にも龍にも似ているといいます。水を好む霊獣とします。このため、水路や水を汲《く》むものに意匠として用いられています。北京《ぺきん》の紫禁城《しきんじょう》の城壁には多く見られます。これは火災除けの意味でしょうか。

第七子、「睚眦《やず》」。日本でよくヤアズといいますが、形状はヤマイヌの首を持ち龍に似ているといいます。大変凶暴で殺戮《さつりく》を好む。このため武器の柄《え》などにはよく意匠とされました。風水《ふうすい》グッズの霊獣として、よからぬ悪人が近づかないことを望んでしばしば置かれます。その場合は首を外に向けます。うちに向ければ家人に災いをもたらすとします。

第八子、「狻猊《さんげい》」。形状は獅子《しし》に似ているといいます。そして煙や火を好む霊獣だといいます。このため寺院の香炉《こうろ》などの意匠によく見られます。高僧の坐る座《ざ》である「猊座《げいざ》」などの言葉も、ここから出ています。偉いお坊さんを「猊下《げいか》」とよびますが、元来は手紙などを出すこちらのほうが猊座の下にいるという意味で、猊下と書き添えたものでした。それがいつの間にか、高僧自身のこととなってしまったのです。あるいは直接およびするのは恐れ多いので、そういうとも聞きます。

第九子、「椒図《しょうず》」。形状は貝とも蛙《かえる》に似ているともいいます。閉じることを好むため、敵を防ぐ城の門扉《もんぴ》などに図案が見られます。取っ手である輪を咥《くわ》えているのは、多くがこの霊獣だそうです。でも口や目があるので貝には見えませんね。

その他、「麒麟《きりん》」、「螭首《ちしゅ》」、「望天吼《ぼうてんこう》」、「貔貅《ひきゅう》」などを数える場合もあります。

ちなみに「貔貅」は夫婦の角のある可愛いお獅子のようなもので、オスには翼もあります。最近、風水グッズとしても人気の霊獣ですが、本来「点光《てんこう》」といって、お性根《しょうこん》を入れ、択日法《たくじつほう》でよい日や時間を見て安置するものです。

首に鈴をつるして、怠《なま》けないよう、時々鳴らすと財をよんでくれるといわれています。

これらはもちろん想像によってつくられたのでしょうが、人間の潜在意識の中では、独立した存在として活躍してくれることもあります。

ですから、こうした霊獣の像などの風水グッズを、適所《てきしょ》に置いて、災いを防ぎ幸運をよぼうとする行為も、頭から「愚かな迷信だ」などと決めつけてはならないと思います。

「招き猫」なども、近年、「日本の最強風水グッズ」として、香港《ほんこん》や台湾《たいわん》では人気です。たぶん、日本人で風水グッズに夢中な人も、「招き猫なんて……」と思うかもしれませんが、原理は同じことなのです。

これがわからない人は、呪術というものを真に理解することは、無理だと思います。

ここでご紹介したように、中国では、龍への「信仰」というよりは、むしろ時代とともに「縁《えん》起物《ぎもの》」や「意匠《いしょう》」として扱われてきたというのが本当でしょう。まして共産主義国家では、これらは「迷信打破」の対象となりますから。

しかしながら、龍に対する信仰が、今の中国にはまったくないのかといえば、そうではありません。

中国の民俗宗教である「道教《どうきょう》」では、やはり「四海龍王《しかいりゅうおう》」などが礼拝《らいはい》対象となっているようですし、農村などでは作物《さくもつ》の生育を願って、やはり水の神である龍神にまつわる祭礼《さいれい》などを今でも多くおこなうようです。

四海龍王は『西遊記』のような中国の伝奇小説にもよく出てきますが、崇高で有り難いという感じの存在ではなく、神通広大《じんづうこうだい》な孫悟空《そんごくう》にほとほと手を焼く「引き立て役」として登場しています。

ちなみに『西遊記』で三蔵法師《さいぞうほうし》を乗せて天竺《てんじく》に行く白馬は、西海《せいかい》龍王の王子の化身とされています。ですから、悟空たちがピンチの時は、妖怪を相手に戦うという場面もあります。

中国において龍は、信仰対象というよりは、中国の人々の心の中に住む親しみ深いキャラクターの一つであるといったほうがいいでしょう。

☆伏羲《ふっき》と女禍《じょか》

中国の古代神話では、伏羲と女禍という兄と妹がいて、彼らの父が閉じ込めていた雷公《らいこう》を逃がしてしまったために、彼ら以外の人類は雷公の起こした洪水《こうずい》で滅んでしまったといいます。そこで二人は肉身ですが結婚して、新たな人類の始祖になったという神話があります。

このお話に出てくる伏羲と女禍は、しばしば蛇体《じゃたい》の人間で、蛇体の部分は巻きあうかたちに表現されます。とても人間とは思えない姿です。東南アジアや中国南西部には同じ神話が広く残るそうですので、蛇をトーテム（先祖動物）とする民族の神話かもしれません。

その図は、ちょうど日本の宇賀神《うがじん》さまが二体いるような感じです。

面白いことに日本の習合神道《しゅうごうしんとう》の中にも、天神七代《てんじんしちだい》の神々などをこのように蛇体で描く流派はあります。浄土真宗《じょうどしんしゅう》の存覚上人《ぞんがくしょうにん》（一二九〇～一三七三）が著《あらわ》した『諸神本懐集《しょじんほんがいしゅう》』によれば、伏羲の本地《ほんじ》（正体）は観世音菩薩《かんぜおんぼさつ》とも日天子《にってんし》ともいうそうです。

爬虫類のトーテムは南方で珍しくないようで、インドネシアのコモド島などでも、コモドオオトカゲをトーテムとする人たちがいて、オオトカゲはご先祖さまとして大変大事にされています。

日本人も、日本神話では、八尋鰐《やひろわに》から生まれたのですから、トーテムとしては龍族でしょう。

また、中華民族において、仏教と並んで広く信仰されている道教では、多くの龍神が祀《まつ》られます。道教は仏教とも習合していますので、台湾の龍山寺《りゅうざんじ》などに行きますと、道教の神々と仏教の観世音菩薩などの仏さまが、仲良く同居しています。

ちなみに中国の観音さまは、頭から白い布をかぶった、いわゆる「白衣観音《びゃくえかんのん》」が有名ですが、その脇侍《わきじ》としてしばしば善財童子《ぜんざいどうじ》と龍女《りゅうにょ》がおかれ、龍に乗った姿の観音像もとても多いです。

現代の中国には、日本のように八大龍王《はちだいりゅうおう》や倶利伽《くりから》龍龍王などの信仰は見られないようです。

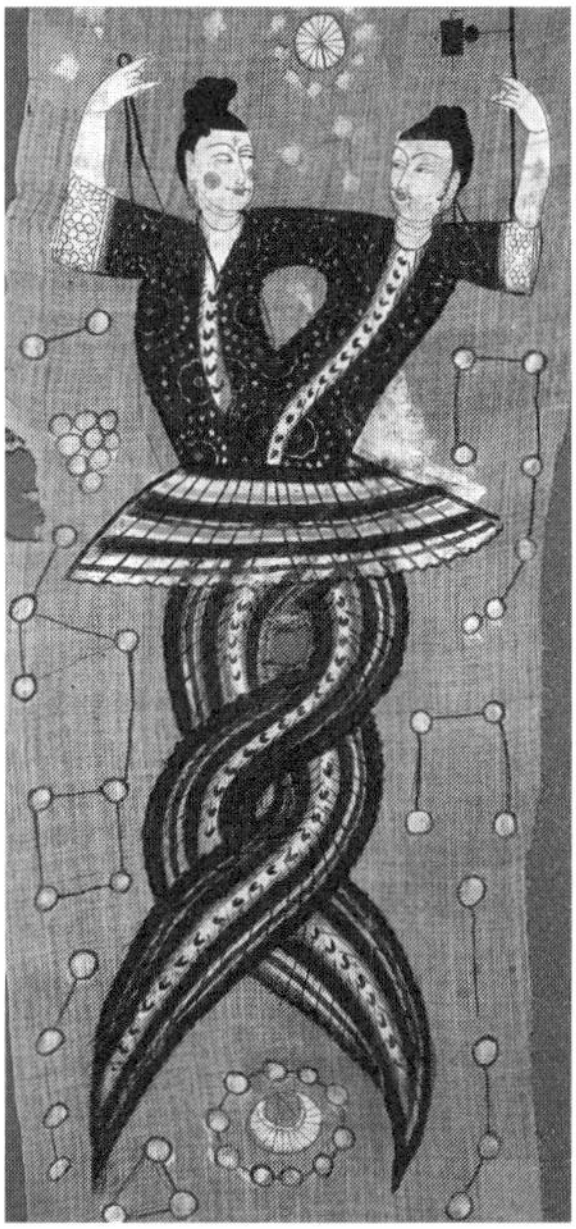
伏羲と女媧

中国における仏教と龍が関わる霊験談《れいげんだん》としては、唐代《とうだい》に干魃《かんばつ》が起きて、玄宗皇帝《げんそうこうてい》が善無畏三蔵《ぜんむいさんぞう》という密教の高僧に雨乞《あまご》い祈祷《きとう》を頼んだそうです。しかし一行は「陛下《へいか》、今は時期がよくありません」と断りました。

でも、「たとえ時期がよくないといっても、旱魃に雨乞いをせずにいつするのだ」ということで皇帝が無理やり雨乞いを命じたので、善無畏三蔵は仕方なく鉢《はち》に水を入

れ、真言《しんごん》を唱えながら小刀でそれをかき回したそうです。

すると、たちまち鉢から龍が出て、天に登ったかと思うと大暴風雨になり、さしもの皇帝も玉座《ぎょくざ》から転がり落ちんばかりに驚き、無理をいったことを詫《わ》びた、という話があります。

海を渡る龍神

中国発の龍の有り難い霊験談は、ほかにもあります。

日本の栂尾山高山寺《とがのおさんこうざんじ》（京都市）には、『華厳宗祖師絵伝《けごんしゅうそしえでん》』という絵巻物《えまきもの》があり、ここには中国での龍の霊験談が出てきます。

この絵巻によれば、唐の時代、ある港町に住んでいた長者《ちょうじゃ》の家に、「善妙《ぜんみょう》」という名の娘がありました。彼女は、新羅《しらぎ》国から唐に仏道修行にやってきた僧「義湘《ぎしょう》」に密《ひそ》かに恋心を抱いていたといいます。しかし、義湘が、たまたま長者の家に托鉢《たくはつ》に訪れた時、善妙は思い切って自分の恋心を伝えました。しかし、義湘は「自分は僧であるから、あなたの恋心をそのままに受け入れることはできない。しかしながら、その心の方向を変えて仏法に向けてみては」と諭《さと》します。

唐での留学を終えた義湘は、帰国の時を迎えます。義湘の乗る船が出たあとに、それを知った善妙は、義湘のためにかねてから取り揃《そろ》えていた仏具を入れた箱を持って港に急ぎましたが、船はもう遠くにかすんで見えるのみ。善妙は、思い余って海に飛び込みます。すると、善妙の身がたちまち龍に変わり、義湘の船を背にのせて新羅に向かった……というお話です。

この絵巻は、栂尾の高僧として名高い鎌倉時代前期の高僧、明恵上人《みょうえ》（一一七三～一二三二）がつくらせたといいますが、彼のつくり話ではないのです。

物語の主人公である義湘（六二五～七〇二）は、新羅（古代の朝鮮半島にあった国）の僧で、この絵巻物のもとになったのは、中国で編纂《へんさん》された僧の伝記集に収められていたお話だといいます。

高山寺には善妙をモデルにした「善妙神像」もあります。

美しい唐服姿の女神が箱を捧げた姿ですが、この箱には善妙が義湘のために用意した仏具が入っているということなのでしょう。

折《おり》から「承久《じょうきゅう》の変《へん》」（一二二一）があり、後鳥羽上皇《ごとばじょうこう》による討幕《とうばく》が失敗して、鎌倉幕府が討幕を企《くわだ》てた公家《くげ》たちをはじめ、多くの関係者を死罪にしました。

明恵上人は彼らの妻をかくまい、出家させて、「善妙寺《ぜんみょうじ》」と名づけた寺に住まわせたといいます。

彼女たちにとって夫たちは、海のかなたならぬ黄泉路《よみじ》に去っていった存在なのです。絵巻物の善妙の話は、彼女たちの心を慰《なぐさ》め、仏道修行に向けて励ましたことでしょう。

ちなみに明恵上人はとても面白い方で、仔犬《こいぬ》の彫り物を大事にして可愛がったり、島《しま》（海に浮かぶ島）に恋文を送ったり、春日明神《かすがみょうじん》と話したりもできたといいます。夢を多く見られ、その夢を記録した『夢記《ゆめのき》』は有名です。ほかにも七十巻余りの著作を残された、日本屈指の学僧です。

私も大変好きな日本の名僧のおひとりです。

月のうち半月は山にこもり、虚空蔵菩薩《こくうぞうぼさつ》の「求聞持法《ぐもんじほう》」という行法《ぎょうぼう》に打ち込まれたようです。真言密教を修められましたが、もともとは奈良の南都《なんと》仏教出身で、特に衰退した華厳宗《けごんしゅう》の復興に心を砕《くだ》きました。

「華厳宗」というのは南都仏教の一つですが、昔は中国にもあり、『華厳経《けごんぎょう》』という相当な分量のお経をもとにした教えで、密教の思想とも相《あい》通じる教えです。ただし密教ではないので印相《いんぞう》や真言、観想《かんそう》を用いる行法は説きませんし、教主の「盧舎那仏《るしゃなぶつ》」は宇宙そのものの仏さまですが、一言も説法されません。宇宙は我々を一々相手にした対機《たいき》説法はしないという考えからです。

ここが密教になると、宇宙そのものの仏＝大日如来《だいにちにょらい》は、絶えず説法していると考え、そこが『華厳経』との大きな違いとなります。

華厳宗の拠《よ》り所《どころ》は『華厳経』です。このお経はインドのサンスクリット語原本は未発見といわれています。三世紀または四世紀頃、今の中国、新彊《しんきょう》ウイグル自治区ホータンで、単行《たんこう》の諸経が集成されて成立したのではないかといわれている、大部《たいぶ》のお経です。

『華厳経』にまつわる伝説には、龍宮《りゅうぐう》が深く関わっています。『華厳経』は上本、中本、下本があり、上本は三千大千世界《さんぜんだいせん》を十《じゅう》集めた量の天文学的な無限の偈文《げもん》から成り立っているといいます。中本は四十九万八千八百偈《げ》、一千二百品《ほん》から成り立っているといいます。下本は十万偈、三十八品から成り立っているとされ、今の世に伝わるものがそれだといいます。

この三種の本の中で、上本と中本は実は龍宮にあって、この地上に伝わらず、下本のみこの地上の世界に伝えられ弘《ひろ》まったといいます。

つまり、この伝説がいいたいことは、『華厳経』の内容には文字に限定されない無限の意味があるのだということです。

弘法大師空海《こうぼうだいしくうかい》は、『華厳経』を真言密教に次《つ》ぐ極めて高度な仏教思想と考えたそうですが、確かに「真言は不思議なり、一字に千理を含む」といわれた密教と、ここのところは相通じるものがありそうですね。

さて、東晋《とうしん》の仏陀跋陀羅《ぶっだばっだら》（三五九～四二九）は、三万六千偈を訳《やく》して六十巻としました。さらに唐代の実叉難陀《じっしゃなんだ》（六五二～七一〇）は、四万五千偈を訳して八十巻としました。これをさらに般若《はんにゃ》三蔵が「入法界品《にゅうほっかいぼん》」を中心に訳して四十巻としたといいます。

この「入法界品」は有名で、善財童子《ぜんざいどうじ》が文殊菩薩《もんじゅぼさつ》の勧めで五十三人の善知識《ぜんちしき》に会う旅の話です。善知識とは仏道に通達《つうだつ》した人のことですが、お坊さんだけでなく主夜神《しゅや》という夜の神々や仙人、果ては遊女、童女、異教の師までも登場します。

余談ですが、この善財童子が五十三人を訪ねる話から、「東海道五十三次《つぎ》」は名づけられたそうです。

日本の華厳宗総本山東大寺《とうだいじ》では、審祥《しんじょう》という新羅で勉強した唐のお坊さんが、三か年にわたって六十巻本の講義をしたといいます。

さて、海を渡って中国から他国に赴《おもむ》いた龍神は、他にもいます。

わが国の弘法大師空海が唐に留学した時、密教の中心地であった長安《ちょうあん》（今の西安《シーアン》）の青龍寺《せいりゅうじ》の護法神である青龍が教法護持のため、海を渡って大師のあとに付き従い、京都の高雄《たかお》の神護寺《じんごじ》で「清瀧権現《せいりゅうごんげん》」として祀られたといいます。

青い龍が海を渡ったので、サンズイをつけて「清瀧」になったのだというのです。この「清瀧権現」は、弘法大師の乗った遣唐使船《けんとうしせん》の中に影現した善女龍王《ぜんにょ》と同じ龍神ともされています。

第五章

日本の龍《りゅう》神《じん》信仰

☆改悛《かいしゅん》する龍の伝説

前章でもお話ししましたように、『魏志倭人伝《ぎしわじんでん》』によると、邪馬台国《やまたいこく》では龍を避けるため「いれずみ」をしていたといいます。

邪馬台国の昔はともかく、日本では龍はどちらかというと、その圧倒的な力が恐ろしくはあっても、「目出度《めでた》い動物」とされてきました。

わが国では、悪い龍の出てくる話も有りますが、それらは「毒龍《どくりゅう》」といういい方をして、特に区別しました。

西洋ではドラゴンといえば、まず、良いイメージではありません。

なにせキリスト教では、神の最大のライバルである魔王サタンは、赤い七つの頭を持つドラゴンなのです。エデンの園《その》でエヴァ（イヴ）をだましてアダムをもそそのかし、知恵の果実を食べさせて神に逆らわしめた蛇も、同じ存在です。

ドラゴンはその一族ですから、クリスチャンの立場からは、到底、良い存在とはいえません。

その辺は、日本の龍に対する感じ方とは、また格別なものがあります。

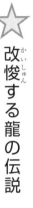

でも、先にもいいましたが、わが国にも良くない龍の話がないわけではないのです。ただ、仏教の場合は悪龍といえども、そのまま退治して殺すなどせず、多くが改悛させるというお話になっています。

同じ日本のお話でも、神道《しんとう》で語り伝えられるヤマタノオロチなどは、スサノオノミコトが一計《いっけい》を案《あん》じ酒をたらふく飲ませておいて、完全に八つの首を打ち落として退治してしまった話ですが、私の住む神奈川県の湘南《しょうなん》地方には、こんな伝説がのこっています。

これは、比叡山《ひえいざん》の皇慶《こうげい》（九七七～一〇四九）というお坊さんが、『江島縁起《えのしまえんぎ》』の中で語られているお話です。

深沢《ふかざわ》という場所に、「五頭龍《ごずりゅう》」という頭が五つある龍がおりました。大変な毒龍（悪龍）で、水害や嵐をよび、村人はこれをなだめるために毎年、子供を人身御供《ひとみごくう》に出していたといいます。

その難儀《なんぎ》を救ったのが、海中から出現した「江の島弁才天《べんざいてん》」です。

江の島はもともと、神秘の伝説を秘めた島です。欽明天皇《きんめいてんのう》十三年（五五二）の四月十二日夜から二十三日朝方にかけて、湖の南の海上に雲が湧き起こり、大地が震動しました。

そののちに弁才天が現れ、四天王《してんのう》、風神《ふうじん》、雷神《らいじん》などの神々をしたがえ、空からは石を落とし海からは砂を吹き上げて、島をつくりました。

そしてこの島に鎮座《ちんざ》したのが江の島弁才天です

五頭龍の前に弁才天が現れると、その美しさに恋をした龍は、弁才天と夫婦になることを切《せっ》に願います。

そこで弁才天は、龍に条件を出しました。

「あなたが前非《ぜんぴ》を悔《く》い、悪行《あくぎょう》をやめて人々のために善をおこなうなら、夫婦になってもよいでしょう」

五頭龍はその言葉にしたがい、両者は夫婦になったといいます。

それ以後の五頭龍は、人々のために働いて尽くし、やがて寿命の尽きたのちは江の島を望む龍口山《りゅうこうざん》という山になって、そこに「龍口明神《りゅうこうみょうじん》」として鎮《しず》まり祀《まつ》られました。

今でも、六十年に一回ですが、この龍口明神の御神体《ごしんたい》を輿《みこし》に入れ、行列をつくって江の島に向かって歩き、御神体を江の島の弁天さまにご対面させるという儀式が、地元の人々によっておこなわれているのだそうです。

この伝説は、最近、インターネットを見ましたら、短い漫画にもなっていました。

なお、この龍口明神（五頭龍）は、その性格から血を好むと思われたのか、この明神を祀った地「龍ノ口《たつのくち》」は、鎌倉時代、刑場《けいじょう》でした。

当時の宗教界や幕府を辛辣《しんらつ》に批判した日蓮聖人《にちれんしょうにん》（一二二二～一二八二）が、この龍ノ口の地で役人に首を斬《き》られそうになったところ、江の島から「ひかりもの」（光る物体）が飛んできて、役人の刀が折れてしまったという霊験談《れいげんだん》は有名で、熱心な日蓮宗《にちれんしゅう》信徒なら知らない人はいません。日蓮聖人が深く信じる『法華経《ほけきょう》』の「観世音菩薩普門品《かんぜおんぼさつふもんぼん》」にも、「念彼観音力《ねんぴかんのんりき》　刀刃段々壊《とうじんだんだんね》」とあるのですが、それそのままの伝説です。

このお話から、「龍口寺《りゅうこうじ》」という日蓮宗のお寺が、「龍口明神社《りゅうこうみょうじんしゃ》」の隣に建立《こんりゅう》されました（龍口明神社は現在は別のところに移動しています）。境内《けいだい》には日蓮聖人が留《とど》め置かれたという土牢跡《つちろうあと》もあります。龍口山の上には、龍口寺の白い大きな仏舎利塔《ぶっしゃりとう》があり、とても美しく、目立ちます。

ちなみに、この五頭龍の伝説を聞いて、暴れ者だった聖天《しょうでん》さま（毘那耶迦王《びなやきゃおう》）とご夫婦になって善導《ぜんどう》した、十一面観音《じゅういちめんかんのん》のお話を思い出した人も多いのではないでしょうか。

さて、昔、いきつけの病院に、ある年配の女医さんがいましたが、この方は一種の霊覚《れいかく》のある人で、よくこの五頭龍＝龍口明神にお参りしておられました。

「羽田さん、龍神さまって鱗《うろこ》がいっぱいで硬いと思うでしょう？　でも普段はお体はとても柔らかいのよ」と話され、「龍神さまは、どこか悲しげな存在なの」ともいっていました。

そしてある時、「羽田さん、私、実は江の島の弁天さまを見たのだけど、青いお衣《ころも》をお召《め》しでしたよ」といわれました。

たしかに、弁天さまの教えが説かれているお経『金光明最勝王経《こんこうみょうさいしょうおうきょう》』には、弁天さまは「青色の野蚕衣《やさんえ》を着す」とありますから、「この先生の霊覚もなかなかなものだなあ……」と思ったことがあります。

仏師《ぶっし》として名高い松久朋琳《まつひさほうりん》先生に彫っていただいたという「摩利支天《まりしてん》」の香合仏《こうごうぶつ》（中に仏さまを彫った蓋物《ふたもの》のお守り）を持っていて、とても大事にしていらっしゃいました。

摩利支天も『大麻里支菩薩経《だいまりしぼさつきょう》』では、八大龍王《はちだいりゅうおう》を眷属《けんぞく》（従者）にして登場します。

さて、毒龍退治というと、四国霊場《しこくれいじょう》にはそういう話がいくつかあります。

四国八十八ヶ所は、弘法大師空海《こうぼうだいしくうかい》が巡錫《じゅんしゃく》して定めたという霊場ですが、徳島県の二十一番霊場・太龍寺《たいりゅうじ》には、創建時のこんなお話があります。

弘法大師が大瀧嶽《たいりょうがたけ》でご修行中、不思議な童子《どうじ》が出現し、川上の黒滝山《くろたきやま》には悪い龍がいて人々が苦しんでいるので助けてほしい、と告げました。

大師は現地に行き、十一面観音のお像を刻み、祈念《きねん》を凝《こ》らし、そのすえに山上の湖に住む大龍を調伏《ちょうぶく》したといいます。調伏された龍は善龍となり、今は太龍寺を守る存在とされています。

同じく徳島県の十二番霊場・焼山寺《しょうさんじ》にも、龍とはいいませんが、火を吹く大蛇《だいじゃ》の伝説があります。こちらは全山を火の海にして抵抗したといいます。大師は虚空蔵菩薩《こくうぞうぼさつ》の宝剣《ほうけん》と三面大黒天《さんめんだいこくてん》の力をもってこれを調伏したといいます。この大蛇は、窟屋《いわや》に封じられているといいます。

私は焼山寺で三面大黒天さまのお御影《みえい》を頂きましたが、足元にかの蛇らしきものが踏まれています。これが調伏された大蛇なのでしょう。

どうもオロチとか大蛇になると退治されてしまいますが、龍ともなると改悛した話が多いようです。

ここが蛇と龍に対するイメージの違いなのかもしれません。

つまり、善化した蛇が龍なのかもしれません。

他にも、悪龍から善龍になった龍の伝説には、神奈川県の箱根《はこね》神社（九頭龍《くずりゅう》神社）に伝えられる九頭龍伝説があります。

これも人々を苦しめる悪い龍でしたが、「箱根三所権現《はこねさんじょごんげん》」を感得《かんとく》したという万巻上人《まんがんしょうにん》の法力《ほうりき》によって調伏され、上人に帰依《きえ》し、錫杖《しゃくじょう》、宝瓶《ほうびょう》、宝珠《ほうじゅ》を上人に捧げたといいます。

今では箱根神社（九頭龍神社）は、パワースポットとして大人気なようです。

私の弟子で霊感のある女性行者が、「私にはどうも箱根の龍神さまが、木目《もくめ》がある大木《たいぼく》のように感じる」といいましたが、伝説では万巻上人は調伏した龍に「鉄鎖《てっさ》の法」を修して、湖底の

「逆《さか》さ杉」の大木に縛りつけ、仏法を説き続けたそうです。

龍は、もう悪事はせず、地域一帯の守護を誓ったので、これを「九頭龍大明神《くずりゅうだいみょうじん》」（現・九頭龍神社）として、かの地に祀ることにしたといいます。

今でも、九頭龍をつないだ大木が湖底に鎮《しず》まっていて、そこに年に一回、大量のお赤飯を入れたお櫃《ひつ》を捧げるのだと聞きました。

お櫃が沈まず浮くようだと、九頭龍大明神のご納受《のうじゅ》がなくて不吉だとされてきたようです。

☆人間から龍になる

日本の龍にまつわる伝説の中には、人間から龍になったという話もあります。

秋田県の八郎潟《はちろうがた》にその名をのこす八郎太郎《はちろうたろう》は、捕《と》ったイワナを誰にもやらず一人で食べてしまったため、龍になったといいます。

実はここにも仏教思想が盛り込まれています。昔から仏教では、「慳吝《けんりん》」つまりケチで強欲《ごうよく》だと、龍の「報《むくい》」を受けるとされてきました。

八郎太郎は、それで龍になって苦労することになります。

龍となった八郎太郎は、十和田湖《とわだこ》では、住処《すみか》をめぐって南祖坊《なんそぼう》という僧侶と争ったといいます。かの僧侶は熊野《くまの》信仰の僧で、持っていた『法華経』八巻を八郎太郎になげうつと、それはたちまち八匹の龍になり、八郎太郎と戦ったそうです。

結果、八郎太郎は負けて追い出され、そして勝った南祖坊も龍となり、「十和田山青龍大権現《とわださんせいりゅうだいごんげん》」となって十和田湖に鎮《しず》まったといいます。

住処を失った八郎太郎は、その後移り住んだ鹿角《かづの》の里も、先に住んでいた神々に追われ、次は米代川《よねしろがわ》に目をつけます。八郎太郎は川をせきとめて湖をつくって住もうとしましたが、ここにも彼を拒《こば》む神々がいました。代表選手は七座《しちざ》の天神《てんじん》さまです。

天神さまは岩投げの力比べで八郎太郎を負かし、「男鹿《おが》半島のほうに広い土地があるぞ。そこへ行け」と指示します。

そこで天神さまの言葉にしたがい、一夜で八郎潟を開いてそこに住みますが、冬の八郎潟はたいへん寒く、冬でも凍らないという温かい一《いち》の目潟《めがた》に移ろうと考えます。

これを知った一の目潟の女神は、弓の名人・武内弥五郎真康《たけのうちやごろうまさやす》の力を借りて八郎太郎を迎え討とうとします。この戦いで八郎太郎は一の目潟を手に入れられずに終わりますが、武内弥五郎真康も矢を投げ返されて左の目を失ったといいます。

一の目潟とはおそらくそのことから来た名前で、それより前はきっとまた違う名前の湖だったのでしょう。

こうして各地をうろうろした八郎太郎は、最後に秋田県の田沢湖《たざわこ》の辰子姫《たつこひめ》とともに住むことになり、ようやく安住の地を得ます。

無類の美女だった辰子姫も、「永遠の美しさ」を手に入れたいという欲のあまりに龍になってしまった女性です。似たもの夫婦ですね。今は二人とも湖畔《こはん》の「浮木神社《うききじんじゃ》」の御祭神《ごさいじん》として、縁《えん》結《むす》びの神さまとなっています。

こうなると、人間の欲望の象徴が龍だという信仰もあったのでしょう。

同じように欲張ってイワナを一人で食べてしまった話をもとに、数々の伝説からヒントを得て書かれたのが、児童文学家・松谷《まつたに》みよ子さん（一九二六〜二〇一五）の作品「たつのこ太郎」です。

これは伝承文学ではなく、伝説をいろいろ散《ち》りばめてつくられた童話です。

子供のころに原作を読んだとか、お芝居やテレビ、漫画などで見たという人も多いでしょう。

たつのこ太郎の母はイワナを一人で食べてしまい龍になりますが、自分の両目をえぐって「たつのこ太郎」を育てます。

後年、艱難辛苦《かんなんしんく》して訪ねてきたたつのこ太郎と力を合わせ、山を崩し湖を開き、広大な農地にして人々のために働いた母は、ついに善行《ぜんぎょう》の結果、人の姿に戻るというお話です。

つまりこの話は、悪業《あくごう》の報《むく》いで龍になるという思想が一貫しているのです。

ところが、こういうマイナスの考えとは逆に、自分で進んで龍になった人がいます。

平安時代後期の天台宗《てんだいしゅう》の僧・皇円《こうえん》さんがその人です。

浄土宗《じょうどしゅう》の開祖・法然上人《ほうねんしょうにん》が、比叡山で学んでいた時に、師であった人です。熊本出身であるため、「肥後阿闍梨《ひごあじゃり》」ともよばれました。阿闍梨とは、密教の伝授ができる指導者のことです。

この人は弥勒菩薩《みろくぼさつ》の下生《げしょう》を待つために、自ら長命の動物である龍になることを願いました。そうして池に入水《じゅすい》されたと聞きます。

弥勒菩薩は今は兜率天《とそつてん》という天界にいますが、五十六億七千万年ののちに地上に降りてきて、お釈迦さまに次ぐブッダになるとされています。皇円は、その弥勒さまの説法を直《じか》に聞きたいので、人間の身をやめて龍の身になったというのです。こういう亡くなり方を「龍身定《りゅうしんじょう》」とか「那伽定《ながじょう》」といいます。

寿命の長い龍に生まれ変わって、弥勒さまを待つのです。

まあ、しかし、いくら龍でも五十六億七千万年も生きられるかどうかは、わかりませんが……。

皇円さんは、熊本県の蓮華院誕生寺《れんげいんたんじょうじ》（真言律宗《しんごんりっしゅう》）に祀られ、「皇円大菩薩《だいぼさつ》」と尊称されています。

蓮華院誕生寺は九州有数の祈願道場として知られています。

このお寺の前身・蓮華院浄光寺《じょうこうじ》は平清盛《たいらのきよもり》の子・重盛《しげもり》が建立しましたが、戦国時代以来、荒廃していました。でも昭和四年に是信《ぜしん》というお坊さんが皇円大菩薩の霊告《れいこく》を受けて復興したのだと聞いています。

そんなに古い話ではないのですね。

ちなみに浄土宗のほうでは、龍になってしまった昔の師・皇円さんを、法然上人が念仏の力で再び人間に得脱《とくだつ》させて極楽往生《ごくらくおうじょう》させたという伝説もあります。

しかしながら、お寺の守護と護法のため、死して「天狗《てんぐ》」になり、神奈川県小田原の霊場・最《さい》乗寺《じょうじ》（曹洞宗《そうとうしゅう》）に祀られている「道了尊《どうりょうそん》」のような方もいますから、龍になる方がいてもいいように思います。

道了さんは室町時代前期に実在した方で、滋賀県の天台寺門宗《てんだいじもんしゅう》総本山園城寺《おんじょうじ》（三井寺《みいでら》）で修行された修験者《しゅげんじゃ》でした。園城寺の末席をけがす私にとって道了さんは、大《だい》・大《だい》・大先輩《だいせんぱい》に当たるわけです。

道了さんは、当時の皇族の方たちが峰入《みねい》り修行をされる際、その案内役を任せられるなど、トップクラスの優れた修験者として知られた人ですが、深く信仰する十一面観音のご真言を十万遍《べん》唱えて天狗の身となり、小田原の最乗寺の創建を手伝ったといいます。

修験者だった道了さんが、なぜ曹洞宗寺院である最乗寺の創建を手伝ったのでしょうか？きっと、禅の世界に心ひかれるものがあったのでしょうね。

ちなみに園城寺には、今でも道了さんがいた「天狗の間《ま》」や、そこから関東に飛び去ったという「天狗杉」があります。

さて、密教の考え方だと、「乗戒倶急《じょうかいぐきゅう》」といって、修行（乗）をよくし戒律《かいりつ》（戒）もよく守る修行者は、将来は仏《ぶつ》・菩薩《ぼさつ》の「仏果《ぶっか》」を得られますが、戒律はよく守るが修行はいまひとつの「戒急乗緩《かいきゅうじょうなん》」といわれる人は「羅漢《らかん》さん」に生まれ変わり、逆に修行はよくするが戒律はいまひとつの「乗急戒緩《じょうきゅうかいなん》」の人は「善鬼神《ぜんきじん》」に生まれ変わるといいます。

「急《きゅう》」は熱心という意味で、「緩《なん》」は熱心ではないという意味です。

羅漢さんとは、個我《こが》の悟りに達した、神通力《じんづうりき》を持つ聖者です。上座部《じょうざぶ》仏教では羅漢さんはお坊さんの理想像とされますが、大乗《だいじょう》仏教ではその悟りは個我にとどまっており、生きとし生けるものすべてを救済すようとする「菩薩《ぼさつ》」には及ばない存在とします。

天狗や龍などは、ここでいう「善鬼神」に相当します。天狗になった道了さんや龍になった皇円さんを「乗急戒緩」というつもりは決してありませんが、でも戒律よりも修行やご祈祷に熱心であった人が天狗や龍に生まれ変わるというのは、わかる気がします。

私自身は、恥ずかしながら「乗戒倶緩《じょうかいぐなん》」（修行も戒律もいまひとつ）の、至って怠惰の僧ですが、どちらかといえば専《もっぱ》ら拝むことばかりしていますので、このまま生まれ変わって何度も同じ人生を歩めば、将来は天狗や龍などの「鬼神」の口かもしれません。

もしそうなら……まあ、それはそれで面白いかもしれません。

☆高僧を助け導く龍神たち

龍には、高僧に調伏《ちょうぶく》されるとかではなく、積極的に高僧を助け、あるいは導き、彼らによって神として祀られたという龍たちもたくさんいます。

長野県の戸隠山《とがくしやま》の奥の院には、九頭龍大権現《くずりゅうだいごんげん》が鎮《しず》まりますといわれています。

この龍神さまは、「歯痛」を止める神さまとして有名でした。昔のものの本には、戸隠の九頭龍さまに供物《くもつ》をあげておくと、なくなると書いてあります。ご納受《のうじゅ》されたのだということです。

実際は、猿か熊か狸《たぬき》などの動物が持っていくのでしょうが、昔の人にとっては野生動物は山の神の使いですから、それも含めてご納受と考えました。

この九頭龍大権現と初めて出会った人は、修験道《しゅげんどう》の開祖・役小角《えんのおづぬ》さま（六三四〜七〇六）です。

役小角さまは、「役行者《えんのぎょうじゃ》」の通称で知られ、奈良時代の人で、孔雀明王《くじゃくみょうおう》の呪法《じゅほう》をおこない、前鬼《ぜんき》・後鬼《ごき》という夫婦の鬼を家来として、奈良県から和歌山県に連なる大峰山系《おおみねさんけい》を修行場として吉野《よしの》から熊野《くまの》まで三十三回、熊野から吉野まで三十三回峰入《みねい》りしたといいます。

これによって、「修験道」の開祖とされます。

役小角（奈良・吉祥草寺蔵）

「大峰山」といっても、そういう固有名の山があるわけではなく、山系全体のことをそうよぶのです。彼はその中の「山上ケ嶽《さんじょうがたけ》」という峰で、人々の心が荒廃して仏法から離れてしまうという「末法《まっぽう》の世」にふさわしい本尊として、「金剛蔵王大権現《こんごうざおうだいごんげん》」を祈《いの》り現《あらわ》しました。

今でも奈良県吉野の金峯山寺《きんぷせんじ》（金《きん》峯山修験本宗《ぷせんしゅげんほんしゅう》）の「蔵王堂《ざおうどう》」には、

巨大な極彩色の三体の金剛蔵王大権現が祀られています。

中でも、中心にいらっしゃるご尊像の背丈《せたけ》は、なんと七メートル二十八センチだそうです。これにしたがう左右のご尊像の大きさも、五メートル、六メートルを優に超えます。

これらはそれぞれ、過去仏の「釈迦如来」、現在仏の「千手観音」、未来仏の「弥勒仏」の化身なので、三体の権現さまがおいでになるということです。

このような巨大な尊像を三体も納めている蔵王堂は、木造の歴史的建造物としては、同じく奈良県の東大寺《とうだいじ》大仏殿《だいぶつでん》に次ぐ偉容を誇ります。

「修験道」というのは、山で仏を拝む修行をして、不思議な智慧や祈願の力を培《つちか》って、人々を救済する道です。「修行を積んで験徳《げんとく》を現すがゆえに修験という」のです。

役行者は大峰山に限らず、先に葛城山《かつらぎさん》で修行し、さらに全国の山々にその足跡を残したとされています。

一時は、韓国連広足《からくにのむらじひろたり》という人の「役小角は時の政府を覆《くつがえ》そうとしている」という讒言《ざんげん》（ウソの密告）によって、伊豆に流されましたが、飛行自在の術をもって富士山や伊豆の大島にも往《ゆ》き来《き》していたといいます。

そもそも、不思議な力を持っているので、捕《と》らえようにも容易に捕《つか》まらず、政府は彼のお母さんである「白専女《しらとうめ》」を人質にしてやっと小角を捕らえました。

役行者の首をいよいよはねようと役人が刀を抜くと、刀身に「この人は神人であるので斬《き》ってはならない」という不思議な文字が浮かんだといいます。

これにより許されてのち、最後にはお母さんとともに大きな鉢《はち》に乗って、海の彼方へ消えていったといいます。

今でも修験道では、役行者を「神変大菩薩《じんぺんだいぼさつ》」とよんで崇敬します。

別名を「役優婆塞《えんのうばそく》」といいます。優婆塞というのはお坊さんではない在家の仏教修行者のことです。

ですから時代劇などでは、長髪の山伏《やまぶし》（修験者《しゅげんじゃ》）がよく登場します。

あれは「総髪《そうはつ》」という髪型です。お坊さんではなく優婆塞であった役行者のスタイルにならっているのです。

なお、修験道には、真言宗系の「当山方《とうざんかた》」と天台宗系の「本山方《ほんざんかた》」の二つの流れがあるのですが、当山方では役行者とともに弘法大師《こうぼうだいし》も祖師として尊崇するため、出家者であった弘法大師にならって、頭を剃《そ》ったり「つみ山伏」といって短髪にしている僧形《そうぎょう》の修験者のほうが多いです。

総髪は、主に本山方の流れを汲《く》む山伏の姿なのですが、江戸時代には幕府によって、この髪型は「修験者」か「兵法家《ひょうほうか》」などと、職柄《しょくがら》で大体決められていました。

今でも修験道は、「優婆塞」つまり在家の修行者を嫌いません。むしろ修験者には、修験道寺院の僧侶などを除くと、普段はサラリーマンなどをしていて、休みになると山に登って修行するという、市井《しせい》の行者さんのほうが圧倒的に多いのです。

さて、さすがの役行者も、戸隠山の九頭龍大権現に初めて会った時は、大変に驚いたようです。『戸隠山顕光寺略縁起《けんこうじりゃくえんぎ》』によれば、九頭龍大権現の姿は戸隠山を七匝《そう》し、頭を山の頂《いただき》に置いたといいます。「小角これを見て寒心平伏《かんしんへいふく》せり」と同書にあります。

つまり、役行者が驚くくらいの、すごい龍神さまだったわけです。

そこで役行者は九頭龍さまに、「そのお姿では、一般の者が接すれば、直ちに驚き血を吐いて絶命するだろうから、もっと小さくなってください」と頼みました。すると九頭龍さまはその言葉に従い、小蛇に変じて戸隠の龍窟《りゅうくつ》に納まったといいます。

九頭龍さまは今は、戸隠神社の奥宮《おくみや》でお祀りされています。

さて、泰澄上人《たいちょうしょうにん》（六八二〜七六七）は、役行者より少しあとに生まれた人です。越前国《えちぜんのくに》麻生津《あそうづ》、今の福井市南部の人で、十四歳の時に出家し、最初は法澄《ほうちょう》と名乗っていました。越智《おち》山《さん》に入り、専ら十一面観音を念じて修行を積んだといいます。

その後、不思議な女神のお告げで養老元年（七一七）、越前国の白山《はくさん》にのぼり、山頂で「白山《はくさん》妙理大権現《みょうりだいごんげん》」（白山権現《はくさんごんげん》）を感得したといいます。

この時、まずはじめに山頂の「翠《みどり》が池」から出現したのが、やはり恐ろしい九頭龍だったといいます。

しかし泰澄上人はさらに信念を凝らして一心に祈り、ついに十一面観音の本地《ほんじ》（正体）を祈り現しました。これがのちの世にいう白山権現（正式には「白山妙理大権現」）であり、垂迹《すいじゃく》の神は女神で、イザナミノミコトともキクリヒメノミコトともいいます。この神さまをお祀りしているのが、日本全国に分社《ぶんしゃ》がある「白山《はくさん》神社《じんじゃ》」です。

白山の山頂

ただし、現在の神社では、ほとんど「権現」とはいいません。

明治時代より前は「神仏習合思想《しんぶつしゅうごう》」があり、神と仏は一つと考えられていました。多くの名のある神社には、「本地仏」つまり仏としての神さまの姿を祀る神宮寺《じんぐうじ》や別当寺《べっとうじ》が、付随《ふずい》していました。

しかし、明治政府が推《お》し進めた「神仏分離令《しんぶつぶんりれい》」や「廃仏毀釈《はいぶつきしゃく》」により、これら神宮寺や別当寺はほとんどが廃絶し、「権現《ごんげん》・明神号《みょうじんごう》の廃止」も命じられ、多くがいまだにそのままになっています。

それらはもちろん、今は存在しない明治政府が決めたことなのですから、現代の「信教の自由」のもとでは、いかなる法的な強制力もありません。

明治の廃仏毀釈において、中には不動明王《ふどうみょうおう》を祀る寺を、これは不動尊《ふどうそん》すなわち「ウゴカズノミコト」などといって、無理やり神社に改変したという話もあります。

最近では、むしろ神社でも歴史的な流れを重視して、自由な発想から権現や明神号が使われる傾向もあり、大変に有意義なことと思います。

さて、泰澄上人は、天平《てんぴょう》九年（七三七）に国中に流行した疱瘡《ほうそう》を祈祷により鎮めた功《こう》により、朝廷から「正一位大僧正位《しょういちいだいそうじょうい》」を賜《たまわ》り、その時、法澄という名前を泰澄に改めたといいます。

本書第一章でもお話ししましたが、この白山権現は、曹洞宗《そうとうしゅう》を開かれた道元禅師《どうげんぜんじ》によって、曹洞宗の最重要な守護神になっています。

曹洞宗は禅宗ですから修験道ではないのですが、福井県にある曹洞宗大本山永平寺《えいへいじ》のお坊さんたちは、白山に登ってお参りするようです。

さて、同じような九頭龍の話は九州の阿蘇山《あそさん》にもあり、神亀《じんき》三年（七二六）、インドから来たという最栄読師《さいえいとくし》という僧侶が、阿蘇山の噴火口めざして登りました。しかし、霊眼《れいがん》を凝《こ》らし火口から中を覗《のぞ》き込んでみると、そこには恐ろしい地獄の世界が広がっていたといいます。

この有り様に最栄読師はとても驚き、痛ましい思いで山を下りようとしました。するとそこに巨大な九頭龍が現れて、「よくよく火口の中を再度見られよ」と最栄読師に告げました。実はこの九頭龍こそは阿蘇山の神なのでした。

再度、火口の中を覗きこむと、そこには地獄の亡者のために尽力する十一面観音のお姿があったといいます。心打たれた読師は、登山途中に見つけた霊木《れいぼく》で、十一面観音菩の像を一心不乱に彫りました。そして火口の西の洞窟に安置してご本尊として祀り、毎日『法華経《ほけきょう》』を読んで修行に励んだと伝えます。

十一面観音は、習合時代に「阿蘇山神社」に奉祀《ほうし》された阿蘇山明神の本地であり、尊像を安置した洞窟は阿蘇山奥の院である「西巌殿寺《さいがんでんじ》」（天台宗）の寺号の由来だといいます。

十一面観音は、古代には、疫病《えきびょう》などの病魔を除く力の強い観音さまとして、広く信仰されました。どうもこういったお話には、九頭龍が登場することが多いようです。

胎蔵曼荼羅・中台八葉院

密教的解釈では、九頭龍の九つの頭は、「胎蔵曼荼羅《たいぞうまんだら》」の中台八葉院《ちゅうだいはちよういん》の九尊——つまり中尊である大日如来《だいにちにょらい》、東北の弥勒菩薩《みろくぼさつ》、東の宝幢《ほうどう》如来、東南の普賢《ふげん》菩薩、南の開敷華王《かいふけおう》如来、南西の文殊《もんじゅ》菩薩、西の無量寿《むりょうじゅ》如来、西北の観世音《かんぜおん》菩薩、北の天鼓雷音《てんくらいおん》如来の九尊を表すというのです。

私が所属する天台寺門宗の総本山である園城寺《おんじょうじ》（滋賀県大津市）にも、「三井《みい》の霊泉《れいせん》」を守る九頭龍の話があります。「三井」というのは天智《てんち》、天武《てんむ》、持統《じとう》の歴代三天皇が産湯《うぶゆ》をつかわれたのでその名があります。このために園城寺は、「三井寺《みいでら》」という名でも親しまれています。

この九頭龍は、「妙見尊星王《みょうけんそんじょうおう》」の化身といわれています。園城寺でもっとも代表的な密教祈祷が「尊星王供《く》」です。北極星の神を祈るもので、昔は「三井の御修法《みしほ》」とよばれ、宮中《きゅうちゅう》紫宸《ししん》殿《でん》で天皇陛下のご安泰と天下の静謐《せいひつ》を祈られたものです。

勝道上人《しょうどうしょうにん》（七三五〜八一七年）は、白山を開いた泰澄上人とほぼ同じころの人で、栃木県の日光《にっ こう》の開山《かいざん》として知られますが、日光の主峰「男体山《なんたいさん》」を開くために何度もチャレンジしましたが、容易に果たせませんでした。

標高二四八六メートル。今でも急なことで知られる「いろは坂」の、そのまた上にそびえる関東屈指の高山です。

この山に登れるなら大概《たいがい》の山に登ることができるというくらいです。登りだしたら、平らで休めるところなどほとんどありませんし、上がれば頂上付近は砂地獄のようで、足を取られ容易に前に歩けません。

大昔は谷に阻《はば》まれ、近づくことすら困難だったそうですが、その時、勝道上人の開山を助けたのが「深沙大王《じんじゃだいおう》」だといいます。

深沙大王は深沙大将《だいしょう》ともいいますが、もともと中国からインドに『大般若経《だいはんにゃきょう》』を求めて旅をつづけた玄奘三蔵《げんじょうさんぞう》を助けた神で、砂漠の龍神です。

玄奘三蔵は、『西遊記《さいゆうき》』でおなじみの三蔵法師《さんぞうほうし》のモデルになった人です。

ちなみに三蔵法師とは、「経《きょう》・律《りつ》・論《ろん》」の三蔵のすべてを訳した僧侶に与えられる称号です。

なので、「訳経《やっきょう》三蔵法師」ともいいます。

タクラマカン砂漠で行き倒れていた玄奘三蔵が観音を念じるや、この深沙大王が現れて彼をオアシスに導いたといいます。この神は『西遊記』で三蔵法師の弟子になる「沙悟浄《さごじょう》」のモデルといいますが、河童《かっぱ》ではなく龍神です。

そもそも『西遊記』の沙悟浄も、日本では河童のイメージがありますが、原作では河童ではありません。天上界で玉帝《ぎょくてい》に仕《つか》えていた「捲簾大将《けんれんたいしょう》」が下界に下ったもの、という設定です。

さて、深沙大王は首に六つの髑髏《どくろ》をかけていますが、これは過去世で六回、インドにお経を取りに行こうとした玄奘三蔵の亡骸《なきがら》だそうです。

深沙大王は『大般若経』があまりに素晴らしい教えなので、異国などに伝わるのが惜しいと思い、『大般若経』を求めて来た者をこの砂漠で殺していたといいます。

玄奘三蔵は、過去世の六つの生で『大般若経』を求めましたが、そのたびに深沙大王に殺されました。

『大般若経』を求めて旅する → 深沙大王に殺される → 生まれ変わって、また『大般若経』を求めて旅する → また深沙大王に殺される……ということを、六回くり返したというのです。

深沙大王は、しかし七回目には根負《こんま》けして敬服し、玄奘三蔵の守護神になったのです。

深沙大王のお腹には童子《どうじ》の顔がありますが、これはこの神の心が本当は子供のように純真であることを表すものといいます。

さて、日光の男体山開山に手こずっていた勝道上人の前に、深沙大王が現れて二匹の蛇を放つや、蛇は橋に変わって上人を谷の向こうに渡してくれたといいます。

今も日光の輪王寺《りんのうじ》の前には、「神橋《しんきょう》」とよばれる橋があり、その前の祠《ほこら》には深沙大王がお祀りされています。

深沙大王

龍と高僧の関わりで忘れてならないのが、弘法大師空海を助けた善女龍王《ぜんにょりゅうおう》です。この龍王については本書の第三章や第四章などでも触れていますが、干魃《かんばつ》で人々が困っていた時、大師のおこなった雨《あま》乞《ご》いの祈祷を助けたといいます。

八二四年、淳和《じゅんな》天皇の勅命《ちょくめい》でおこなわれた神泉苑《しんせんえん》の「請雨法《しょううほう》」において、九尺の大蛇の頭に乗った八寸ほどの金色の蛇が現れたといいます。これが善女龍王です。

このお話は、伝説では、東寺《とうじ》と対であった西寺《さいじ》の住職・守敏僧都《しゅびんそうづ》との法力《ほうりき》合戦になっており、南都の守敏が弘法大師の名声を憎んで龍神をすべて封じ、秘法を修したといいます。ところが北天竺《てんじく》（北インド）の阿褥達《あのくだ》池にいた善女龍王だけは、うまく守敏の呪詛《じゅそ》を免《まぬが》れ、大師はこの龍王の助けで祈雨《きう》（雨乞い）に成功したのです。

祈雨の阻止に失敗した守敏僧都は、さらに大師を弓矢で殺そうとしますが、彼の手より放たれた矢は地蔵尊《じぞうそん》によって阻まれ、果たせません。これが、京都の羅城門《らじょうもん》があった辺りに今も存在している「矢取地蔵寺《やとりじぞうじ》」の起こりだといいます。

これ以後、西寺は荒廃していったといいます。

守敏僧都は実在の人で、弘法大師の師匠の一人である勤操《ごんそう》僧都の弟子といいますから、どうやら大師とは兄弟弟子の関係のようです。

困った話ですが、このお話の真偽は別にしても、仏法の兄弟弟子でありながらこのような妬《ねた》みを持つ人も、世の中には少なからずあるものと思います。

さて、日蓮宗の宗祖・日蓮聖人《にちれんしょうにん》にも、聖人の布教を助けた龍神のお話があります。

聖人は時の鎌倉幕府から憎まれ、山梨県の身延山《みのぶさん》において、久しく陰遁《いんとん》しておられたといいます。身延山の頂《いただき》に登り、毎日、安房小湊《あわこみなと》の両親を思われたそうです。

建治《けんじ》三年（一二七七）の九月のことです。

身延山の頂上からの帰り道、どこからともなく美しい女性が現れました。日蓮聖人はそのことを特に驚かず、その女性と親しそうに話をしています。

弟子や信徒も誰も知らない女性で、山中に似つかぬ美しく高貴ないでたちなのも手伝い、「いったい彼女は誰なんだろう?」といぶかしがると、聖人は「皆が不思議に思っているようなので、そなたの本当の姿を現して見せておあげなさい」といいました。すると女性は水瓶《すいびょう》から一滴の水を得るや、たちまち赤い龍神になったといいます。

この龍神は身延山の裏鬼門《うらきもん》を守る「七面山《しちめんざん》」に住むということから、「七面天女《しちめんてんにょ》」または「七《しち》面大明神《めんだいみょうじん》」とよばれ、日蓮宗では「末法の総鎮守《そうちんじゅ》」とされます。七面山は険阻《けんそ》な山で、人を寄せつけず、日蓮聖人のお弟子の日朗《にちろう》聖人の時代に、初めて七面山にお堂ができたといいます。

今も敬慎院《けいしんいん》という一宇《いちう》があり、三時間以上もの山道を歩き、一夜参籠《さんろう》して祈願をする人が絶えません。実際、信徒がそうするほどに、相当に鋭い霊威《れいい》があると聞きます。

この七面天女の本地は、徳叉迦《とくしゃか》龍王《りゅうおう》と鬼子母神《きしもじん》の娘である吉祥天《きっしょうてん》であるとか、妙見尊星王で

常瞿梨童女

あるともいいます。

ちなみに吉祥天と妙見尊星王は、園城寺などでは同体と考えています。日蓮聖人も園城寺に遊学されていたことがあり、その影響があるかもしれません。お姿は、鍵と玉を持ち、光背《こうはい》に北斗七星の並んだ、美しい天女の形です。

七面山は大峰山系にもあり、こちらは弁才天の住む山といいます。

この弁才天は、厳島明神《いつくしまみょうじん》（厳島弁才天）だといわれます。

この話からできたものか、私は、お顔が七つある弁才天の絵を見たことがあります。

私は、ひょっとすると大峰の七面山には「常瞿梨童女《じょうぐりどうにょ》」の信仰があったのではないかと思っています。常瞿梨童女は不思議な神で、七面四臂の天女形ですが、実は女性ではなく、童子なのだといいます。

毒蛇や毒虫を眷属《けんぞく》として毒の果物を食べるという天尊で、日本ではマムシや毒のある虫、害虫除けに信仰されました。

古書のカタログで「浄栗神社《じょうぐり》」と書かれた江戸時代のお札を見たことがありますが、それはおそらくこの天尊を祀った神社だと思います。

このように龍は、高僧に仏法の力で教化されるばかりでなく、もとより神としても存在しており、高僧さえも導く、力ある龍の姿もあったのです。

しかも、こういうことは大昔の説話に限られたことではありません。

今でも霊能ある修験者などには、「感得《かんとく》」といって、こうした龍神を祈り現し、神さまとして道場に祀る方も少なくないようです。

奈良県吉野の金峯山寺の蔵王堂についてはすでにお話ししましたが、その向かって左の谷を下りていくと、「脳天大神《のうてんだいじん》」という龍神さまが祀られています。

脳天大神は、昭和になって金峯山修験本宗という宗派を立てられ、初代の管長になられた五《ご》條覚澄《じょうかくちょう》師が感得された龍神さまです。

脳天大神は、蔵王堂に祀られている金剛蔵王大権現の化身でもあり、頭を割られた蛇の姿で現れ、自分を祀れば「首から上のいかなる難儀《なんぎ》も救う」というお告げをされたといいます。

この脳天大神を祀る「龍王院」には、脳天大神だけではなく、実に多くの龍神さまの石碑があります。

「首から上の難儀」とは、必ずしも病気やケガばかりではないようです。

受験シーズンともなれば、頭のキレを求めて、多くの受験生やその親御さんが大勢お参りされると聞きました。

当然ながら、これも高僧を導く龍神の姿と考えていいと思います。

☆神祇《じんぎ》としての龍神

神道《しんとう》系の龍神はとても多いのですが、ほとんどの神社は神仏習合の歴史を持っていますから、まったく仏教との関わりのなかったお宮は、むしろ少ないでしょう。

たとえば龍神を祀る神社といえば、奈良県の「大神神社《おおみわじんじゃ》」（三輪明神《みわみょうじん》）があげられます。御祭神《ごさいじん》は国津神《くにつかみ》の代表・大物主命《おおものぬしのみこと》です。この大物主命というのは出雲大社《いずものおおやしろ》にいます大国主命《おおくにぬしのみこと》の幸魂《さきみたま》・奇魂《くしみたま》だといいます。今風にいえば「ハイヤーセルフ」のようなものです。要するに、大国主命の超越的な自我です。

『古事記《こじき》』によれば、大国主神は国づくりのパートナーだった少彦名神《すくなひこなのかみ》が死に、国づくりの行く末をどうするべきか思案していた時に、突如、海のかなたから光り輝く神が現れて、大和国《やまとのくに》（奈良県）の三輪山《みわやま》に自分を祀るようにと告げたといいます。大国主神が不思議なことと思い、「あなたは一体どなたですか？」と聞くと、その神は「我は汝《なんじ》の幸魂・奇魂である」と答えたといいます。

三輪山は円錐《えんすい》形の山で、当時はこれは霊山《れいざん》とされる特徴でした。

つまり、蛇がとぐろを巻くかたちだったのです。だから当時は禁足地《きんそくち》で、登ってはいけないことになっていました。神さまのお身体ですから。

そして今でも登山は限られているようです。

また、出雲地方では、浜に打ち上げられるセグロウミヘビを干して、「龍蛇《りゅうじゃ》さま」として祀ります。龍蛇さまは出雲の神さま、つまり出雲大社に鎮まる大国主命のお使いといわれています。

この大国主命の子供が、タケミナカタノミコト、つまり諏訪明神《すわみょうじん》です。

国譲り神話では、タケミカズチノミコトとフツヌシノミコトに一人立ち向かい、敗れて命からがら諏訪湖に逃げ込んで、諏訪明神となりました。

これも日本を代表する龍神です。

出雲社と諏訪社は全国にありますが、これは龍神と考えていいでしょう。

そのほかにも京都・貴船《きふね》神社のタカオカミとクラオカミも龍神です。

タカオカミは天空の龍神で、クラオカミは谷の龍神といわれます。

また、海の龍神はオオワダツミとよばれ、魚村などによく石碑《せきひ》や小祠《しょうし》を見ます。主に漁業を守る龍神です。

同じ海のことでも、航海の無事を祈るとなると、金刀比羅宮《ことひらぐう》などが信仰されます。

金刀比羅宮の祭神は、三輪明神と同じく大物主命とされています。

しかし、もともとは、これは金毘羅《こんびら》という仏教の守護神です。

金毘羅というのはインドの原語ではクンビーラといって、ワニの古いよび方だったようです。

日本では蛟龍《こうりゅう》と訳しました。つまり龍神です。

ワニの神さまなので、水のあるところには強いわけですね。

でも、ワニは海ではなく淡水《たんすい》に住む生き物ではないのかと思っている方も多いでしょう。

それについては、インドで一番大きなワニは五メートル以上・四百五十キロを超すイリエワニですが、そのイリエワニはその名のとおり入り江（海岸）に住んでいて、海で餌《えさ》をとるそうです。

クンビーラのモデルかもしれませんね。

金毘羅さまは、「般若十六善神《はんにゃじゅうろくぜんじん》」の筆頭であり薬師十二神将《やくしじゅうにしんしょう》にも数えられる「宮毘羅大将《くびらたいしょう》」と同体です。インドでは王舎城《おうしゃじょう》の守護神で、お釈迦さまの説法の座を妨《さまた》げんとした魔王の軍を

追い払ったといわれます

金刀比羅ではなく金毘羅と書かれた場合は、神社でなく仏寺の鎮守として祀られます。その場合は「金毘羅権現」や「金毘羅大権現」と、権現号を付して祀られるようです。

徳島県池田町《いけだちょう》の「金毘羅奥の院」といわれる高野山真言宗「箸蔵寺《はしくらじ》」は、寺領広大《じりょうこうだい》な霊場として知られますが、今でも習合時代以来の「金毘羅大権現」として、多くの賽人《さいじん》（お参りする人）や「講《こう》」を抱えています。

箸蔵寺のご本尊の金毘羅大権現は、歴代住職すら開扉《かいひ》・拝見してはならない、絶対の秘仏だそうです。

私は思うのですが、大物主命は、三輪明神にも祀られ、金刀比羅宮にも祀られていますが、感じは全然違います。

同じく大国主命の別名である大己貴命《おおなむちのみこと》が、栃木県日光市の二荒山《ふたらさん》神社や滋賀県大津市の日吉《ひよし》大社《たいしゃ》（山王《さんのう》権現）にも祀られていますが、これもまったく違う感じです。

神仏習合思想で、○○神社の本地は○○で垂迹は○○ノミコトなどといいますが、本地の仏は仏典に照らした権現・明神の性格を表したもの、そして、垂迹は「○○ノミコト」というのも「記紀《きき》」（『古事記』と『日本書紀』）に照らせば……という話であって、あくまで○○権現は○○権現、そして○○明神は○○明神でしょう。

つまり神仏習合には、仏と神と権現・明神という、三つが重なっているのです。多くの学者さんが本地（仏）と垂迹（日本神話の神さま）の二つしか見ていないのは、大変な見落としではないでしょうか。

もっとも長らくわが国で大事にされてきたのは「権現」や「明神」といわれる存在であって、各地のお社《やしろ》でも、それこそが中心であったはずです。

なぜなら、そういう権現や明神には、えてしてその土地の名前がついています。たとえば愛宕《あたご》権現、秋葉《あきば》権現、熊野《くまの》権現などです。

つまり、多くの場合は、その土地に霊威ある神が出現したことが最初であり、神社の多くは初めからここに「○○ノミコト」を祀ろうという発想から出発したものではないところも看《み》て取れるからです。

だから、時代とともに本地も垂迹も移動します。

たとえば富士山がコノハナサクヤヒメとされたのは、儒者《じゅしゃ》の林羅山《はやしらざん》が決めたことで、それ以前はカグヤヒメでした。本地の仏も勢至《せいし》菩薩、十一面観音、不動明王、大日如来と目まぐるしく変わります。

でも、富士山は富士山なのです。「権現・明神」に当たる号である「浅間大菩薩《せんげんだいぼさつ》」は、浅間大菩薩のままなのです。

したがって、「○○権現の本地は○○菩薩」とか「○○明神は○○ノミコト」などというのは説明の一つに過ぎないと思います。事実、金毘羅大権現も古くはカナヤマヒコノミコトという説や崇徳上皇《すとくじょうこう》であるとする説もあり、オオモノヌシノミコトはこれに比べればむしろ新しい説と言えましょう。

面白いのは、龍神とされる神は、そのほとんどが「国津神」の系譜です。

ある神道に詳しい方が教えてくれたお話では、創造、拡大、勝負といって、目的別に三つのお社が要《かなめ》であり、関東・関西でそれぞれ三つある。

つまり、これらの神さまがその目的によってパワーが頂ける筆頭ご三家だというのです。つまり会社を興《おこ》すならこちらの神社へ参り、商戦を拡大するならあちらの神社、何か企画で勝負するなら○○神社にお参りするといい、という話でした。

面白いことに、考えてみるとこれらのお社は、皆「龍神」が祀られた神社なのです。

もちろん、こうしたものは固定的に決まっているわけでもないと私は思いますので、自分の感覚や縁《えん》によって自分なりのご三家のお社を決めてお参りしてもいいかもしれません。

私は龍神としては熊野権現や諏訪明神、九州は宝満山《ほうまんざん》の龍宮《りゅうぐう》さま（タマヨリヒメノミコト）をよくお祈りします。

私が日本の神さまをよくお祈りする理由のひとつは、日本の霊的なフィールドでは、直接動くのはこうした神祇《じんぎ》（日本の神さま）の力が不可欠だからです。

幸いなことに私の宗派は修験道系なので、よく神祇もお参りしますし、拙寺《せつじ》（私が住職をつとめる金翅鳥院）の本尊は十一面観音ですが、ご祈祷の際は垂迹とされる「天満宮《てんまんぐう》」（菅原道真公《すがわらのみちざねこう》）をよく併《あわ》せてお祈りします。

なお、天満宮は聖天《しょうてん》さまとも同体とされています。

私の師匠の守護神は天満宮でした。師匠は「私の守護神は天満宮だから、何か困った時に私と連絡がつかないなら、天満宮に頼みなさい」といっていました。

面白いことに、修行時代には師匠の留守中、霊媒《れいばい》祈祷などして強烈な霊が出て来て困った時など、そのようにして天満宮から解決策を教えてもらい、事なきを得たことが何回かありました。

そういう経緯もあり、私は日本の神々はとても大事にしております。

実はこれが現在まで私のご祈祷のコツといっては変ですが、習慣のようなものになっております。

第六章

龍《りゅう》神《じん》さまのご利《り》益《やく》とは

☆ 龍神さまは「水の神」

龍神とは、古代においては水の神であり、同時に水のもとである風雨をもたらし、海や川の支配者であると信じられました。

つまり、水の神への信仰こそが龍神信仰のベースなのです。

それは日本だけではなく、アジア一帯で広くそうだったようです。確かバリ島のアグン山だったと思いますが、山がそのまま龍体《りゅうたい》としても信仰されていると、ガイドの方から聞きました。

これは水源をもつ山が、すなわち龍そのものとみなされているからであろうと思います。日本でいえば「水分《みくまり》信仰」(水の分配を司《つかさど》る神への信仰で、古代よりおこなわれている)であり、修験道《しゅげんどう》とも深く結びついています。たとえば修験道の聖地「大峰山《おおみねさん》系」は南北に長く嶺《みね》が連なりますが、これをそのまま龍体と考える思想がありました。

それと同時に、北の奈良・金峯山《きんぷせん》に現れた「蔵王権現《ざおうごんげん》」、南紀州《きしゅう》(和歌山)の「熊野《くまの》権現」は、ともに大峰山の南北に祀《まつ》られる修験道の重要な本尊ですが、これも龍神とみなされている一面があります。また、その中央に位置する弥山《みせん》にも、龍神の元締めともいうべき「天河弁才《てんかわべんざい》(財)

天《てん》」の奥社《おくしゃ》が祀られています。

河が龍であると同時に、山も龍なのです。

いうまでもなく水は、山から出て里の人々の喉を潤《うるお》し、作物を実らすのに不可欠です。いわば水は命の根幹といってもいいでしょう。

水の利《り》無くして、人も生き物もそこに住むことはできません。

特に日本が農耕社会になってから、より一層水は貴重なものとされたに違いありません。龍神さまのいろいろなご利益も、すべてはこの水の恵みの延長線上にあるといってもいいと思います。

密教では、水には五つの徳《とく》があると考えます
密教的にいえば仏の智慧とは「法界体性智《ほっかいたいしょうち》、大円鏡智《だいえんきょうち》、平等性智《びょうどうしょうち》、妙観察智《みょうかんざっち》、成所作智《じょうしょさち》」の五智《ごち》ですが、これらが水にはすべて備わっているというのです。

まず「法界体性智」ですが、これは「金剛界五部《こんごうかいごぶ》」（仏《ぶつ》部・金剛《こんごう》部・宝《ほう》部・蓮華《れんげ》部・羯磨《かつま》部）のうち「仏部」の代表である大日如来《だいにちにょらい》の智慧といわれます。金剛界五部というのは、仏の働きを五つに分ける密教の考え方です。その働きのもとは五智に他なりません。

大日如来の「法界体性智」とは、もともと自然に備わっている智慧のことです。

水はすべての生き物を潤すことに象徴されます。わざわざ教えられなくても水を飲まない生き

物はいません。生まれた赤ちゃんもすぐにお母さんの乳房を吸いますね。お乳は赤ちゃんにとっては命の水以外の何物でもないのです。

「大円鏡智」は、金剛部を代表する阿閦《あしゅく》如来の智慧です。万物そのままに映し出す水鏡《みずかがみ》の性質です。

「平等性智」は、宝部を代表する宝生《ほうしょう》如来の智慧です。水面が等《ひと》しいのはこの智を表すとします。

「妙観察智」は、蓮華部を代表する阿弥陀《あみだ》如来の智慧です。水に映った姿は本物そのままに、実に精妙《せいみょう》に映されます。

「成所作智」は、羯磨部を代表する不空成就《ふくうじょうじゅ》如来の智慧です。自然界に循環する水の作用そのままです。谷川の水は谷をうがち、森をつくり、水蒸気に変じたかと思えば雨となって大地に戻っては大海に戻ります。その過程で自然界のすべてを潤します。

そして我々日本人にとっては、水は飲み水であることはもちろんですが、主食のお米をつくるのになくてはならない恵みです。

☆お稲荷《いなり》さまと龍神

日本人の主食である稲作《いなさく》の神といえば、「お稲荷さま」（稲荷明神《いなりみょうじん》）です。お稲荷さまにもいろいろありますが、もっとも基本的にはウカノミタマノミコトという神さまになります。

ウカノミタマノミコトは、仏教でいう「宇賀神《うがじん》」そのものです。宇賀神については、本書第三章などですでにお話ししましたが、弁才天の化身とされる蛇体の老仙人で、「阿那婆達多龍王《あなばだったりゅうおう》」の部類といわれている神です。

宇賀神＝ウカノミタマノミコト＝お稲荷さま、ということは、つまりお稲荷さまにも龍神の顔があるということなのです。

稲荷明神の眷属は狐だが、蛇や龍とも深い関係がある（写真は愛知・豊川稲荷の狐像）

仏教では宇賀神といえば弁才天との結びつきが非常に強いですが、お稲荷さまとも非常に強く結びついているのです。そしてそれは、弁才天とお稲荷さまとの結びつきも非常に強いことを意味します。

さて、古いお稲荷さまの絵札《えふだ》には、しばしば中央に「宇賀神」としっかり書かれています。そしてその下のほうには、確かに白いキツネと黒いキツネがいます。

普通、お稲荷さまといえば、狐がお使いですよね。

でも、さらに上段に目をやると、とぐろを巻いた蛇が二匹描かれています。

これは稲荷明神の本宮《ほんぐう》である京都の伏見《ふしみ》稲荷から始まって、全国的に、こうした絵札がありました。つまり江戸時代以前は、どこのお稲荷さまでも大概《たいがい》こうした札があったわけです。

つまり、狐よりももう一段上に、御神体《ごしんたい》である稲荷明神に

宇賀神（山形・羽黒山大日堂蔵）

近いご眷属《けんぞく》（従者、使い）として、蛇が描かれているわけなのです。

では何故、お稲荷さまは蛇の姿の宇賀神と結びつくのでしょう。

田んぼに蛇はつきものです。彼らは稲に害するネズミや雀《すずめ》などを捕《と》って、稲を守る存在でした。刈り入れが終わると、冬に備えて地中に消えていきます。

狐もそうですね。蛇のように冬眠はしませんが、冬には餌《えさ》が豊富ではないのか、なかなか姿は見せません。

そしてまた、田に苗を植える頃になると頻繁に見る動物です。

だから、まるで稲作を守るように出てきて、刈り入れが終わると消えていくのが蛇や狐だった

のです。

このためか、弁才天は、五月の巳《み》の月から十一月の亥《い》の月まで蛇の姿になって地上にいて、そのあとは天女の姿に戻り、天に昇って日輪《にちりん》（太陽）の中にいるのだと考えられました。

このため、弁才天の霊場《れいじょう》である東京の不忍池弁天堂《しのばずのいけべんてんどう》（天台宗《てんだいしゅう》）などでは、五月に降天会《ごうてんえ》と十一月に登天会《とうてんえ》という法要が営まれています。

また、修験道では「七日間精進大事《しょうじんのだいじ》」というのがありますが、これも同じ思想のもとにできた作法です。

宇賀神との関係から、お稲荷さまの本地《ほんじ》（正体）は、古くは弁才天とされました。

また、稲荷明神と龍神のかかわりを示す話として、『稲荷大明神縁起《いなりだいみょうじんえんぎ》』には、古《いにしえ》より稲荷山《いなりやま》に住んでいた「龍頭太《りゅうとうた》」という龍頭の神が弘法大師《こうぼうだいし》に山を譲りわたす話があります。

爾来《じらい》、稲荷明神は真言密教《しんごんみっきょう》の根本道場である東寺《とうじ》（教王護国寺《きょうおうごこくじ》）の守護神となります。

また別な話では、弘法大師と稲荷明神の出会いは和歌山県田辺《たなべ》で熊野詣《もうで》の途上であった女性二人、子供二人を連れた大男ということになっていますが、いずれにしてもこの神は稲を荷《にな》っていたとされ、稲荷の本体ウカノミタマノミコトといえば女神なのですが、後世に稲束《たば》を背負う老《ろう》翁《おう》をも稲荷明神の姿とするようになるのは、その起源はここにあるようです。

仏教でいう宇賀神の顔が老翁であることとも関係があるでしょう。

伝説では弘法大師とお稲荷さまは、前世においてすでに天竺《てんじく》（インド）でお釈迦さまの説法を共に聴聞《ちょうもん》した仲で、そのよしみで大師の仏法を助けようと現れたそうです。

稲荷山の御神体は「稲荷山そのもの」とされていて、稲荷山の中の参道をお参りして歩くと信者による「お塚《つか》」といわれる礼拝《らいはい》対象の石の塚がおびただしい数あり、その中には○○龍神とか○○龍王とかいうのも少なくありません。

やはり龍神と稲荷明神は浅からぬ因縁《いんねん》があるといえましょう。

☆弁才天《べんざいてん》

稲荷明神の本地ともされる弁才天（弁財天ともいう）は、もちろん稲荷明神以上に龍神とは切っても切れない関係です。

むしろ弁才天に、日本の龍神信仰の秘密は集約されているといってもいいでしょう。もちろんそこには、「水の神」としての弁才天の存在も大きな働きをしています。

巳《み》の日がご縁日《えんにち》の弁才天といえば「蛇」のイメージが強いですが、実際は弁才天の霊場には「龍」

がつきものです。

弁才天の有名な霊場には、ほとんど龍神伝説があります。江《え》の島《しま》弁才天と五頭龍《ごずりゅう》の話は、前章ですでにしましたね。『平家《へいけ》物語』には、竹生島《ちくぶじま》弁才天を祀る琵琶湖《びわこ》の竹生島に渡った平経正《たいらのつねまさ》が、琵琶を弾《たん》じたら袖《そで》の上に龍の姿が現れた、とあります。

弁才天。宇賀神を頭頂に載せている（山形・正善院蔵）

また、厳島《いつくしま》弁才天の霊場、広島の宮《みや》島《じま》（厳島）には、龍の灯《とも》す火といわれる「龍灯《りゅうとう》伝説」があります。

宮城県の金華山《きんかさん》（現・金華山黄金山《こがねやま》神社）も神仏習合《しんぶつしゅうごう》時代には弁才天の霊場として数えられていますが、ここには今でも「八大龍王神《はちだいりゅうおう》」の石碑《せきひ》が祀られています。また江戸時代の「金華山曼荼羅《まんだら》」など拝見しますと、ご本尊の弁才天は大きな龍に乗った姿に描かれます。

また、奈良県の天河弁才天（天河大《だい》弁財天社）では、弁才天の化身として「龍神大神」がお祀りされています。この天河の地は、昔は徳善《ぜんとく》龍王という龍王が住む湖だったともいいます。

さらに当山方《とうざんかた》（真言宗系）の修験道・慧印法流《えいんほうりゅう》では、八大龍王は「弁才天不二《ふに》の幻身《げんしん》」というそうです。つまり、弁才天即《そく》八大龍王という考えがあるのです。

このように弁才天は、大変に龍神とは縁がある神さまです。

弁才天について詳しく書かれた『金光明最勝王経《こんこうみょうさいしょうおうきょう》』の大弁才天女品《だいべんざいてんにょほん》には、龍神も常に弁才天を恭敬《くぎょう》すると書いてあります。

わが国における弁才天のイメージは、むしろ「龍神の中の龍神」といってもいいかもしれません。

弁才天はもともとは、毘沙門《びしゃもん》天や帝釈《たいしゃく》天などと同様に、インドから仏教とともにやってきた神さまです。つまりバラモン教出身の神さまです。

インドでの弁才天は「サラスヴァティ」とよばれ、孔雀《くじゃく》を連れています。

河川の神として知られますが、名の起こりとなったサラスヴァティという河は実際はなく、地下水脈のことともいわれるそうです。サラスヴァティの張りぼての神像をつくり、供物《くもつ》とともに近所の大河に流すようです。

孔雀はインドでは蛇を捕《と》って食べるということから、ナーガを支配する性格を持ちます。ですからナーガそのものというより、元々、龍蛇の支配者なのでしょう。

他に「孔雀明王《くじゃくみょうおう》」という尊格《そんかく》がありますが、呪術を排斥《はいせき》した初期仏教の教団でも、コブラの害をよけるため、孔雀のマントラ（真言）を唱えることは許されたといいます。

これも孔雀が蛇を退治する性格を持つためです。

密教ではそれが、のちの孔雀明王の祈雨《きう》（雨乞《あまご》い）の祈祷《きとう》に現れています。つまり龍蛇は孔雀に弱いので、いうことを聞いて雨を降らすという発想です。

孔雀明王はこのため、平安時代には盛《さか》んに拝《おが》まれ、国家主催の祈祷会《え》が催《もよお》されました。農耕社会では雨が降る・降らないは一国の経済を左右する大問題だったからでしょう。

なかでもこの「孔雀経法」による祈雨は、「請雨経法《しょううきょうほう》」や「水天供《すいてんく》」と違い、今申しましたように龍を脅《おど》かすというか。孔雀明王の力を借り、命令して降らせる方法ですので、かなりきつい法だと思います。

孔雀明王は他にも天変地異《てんぺんちい》の際に祈られるなど、お姿は忿怒《ふんぬ》明王と違って孔雀に乗った四臂《しひ》の菩薩《ぼさつ》であり、優美ですが、国家規模のことに対応する、かなりのパワーを持った明王です。

この故に天台方《てんだいかた》（天台密教）では、孔雀明王は明王といいながらも、実は密教最高の仏である大日如来と同じ尊と考え、仏部《ぶつぶ》に分類します。

さて、弁才天のことを簡単に知ろうと思えば、『金光明最勝王経』に「大弁才天女品偈《げ》」という偈頌《げじゅ》（詩文）があります。

「敬礼《きょうらい》し、敬したてまつる。世間の尊、諸《もろもろ》の母の中で最も勝《すぐ》れたりとなす。

三種の世間（欲界《よくかい》、色界《しきかい》、無色界《むしきかい》）悉《ことごと》く供養《くよう》をなす。面貌容儀《めんみょうようぎ》人願って見ん。

種々妙徳《みょうとく》を以《もっ》て身を飾り、まなこは修広《しゅこう》なる青蓮華《しょうれんげ》のごとし。

福智光明《ふくちこうみょう》の名は満ちること例えば無碍《むげ》なる摩尼珠《まにじゅ》の如し。我、今最勝者を讃嘆《さんだん》す。悉くよく所求《しょぐ》の心を成弁《じょうべん》す。

真実の功徳妙《たえ》にして吉祥《きっしょう》なり。たとえば蓮華の極めて清浄《しょうじょう》なるがごとし。身色端厳《しんしきたんごん》なること皆《みな》みることをねがう。よく無垢《むく》の智、光明を放つ。諸念《しょねん》のなかにおいて最勝なり。

なお獅子《しし》の獣の中において王たるがごとし。常に八臂《はっぴ》をもって自から荘厳《しょうごん》となす。おのおの弓箭《きゅうせん》、刀《かたな》、矟《ほこ》、斧《おの》、長杵《ちょうしょ》、鉄輪《てつりん》、並びに羂索《けんさく》をもって端厳なること満月のごとく観《み》ゆ。

言辞《ごんじ》は滞《とどこお》りなく和音《わおん》を出《い》だす。もし衆生《しゅじょう》の心に願求《がんぐ》あれば善士《ぜんし》、念に随《したが》って円満せしめん。

帝釈諸天《たいしゃくしょてん》ことごとく供養せん。皆ともに賞賛し帰依《きえ》すべし。諸徳はよく不思議を生ず。

一切時《いっさいじ》に恭敬《くぎょう》せよ　ソワカ（成就《じょうじゅ》あれかし）」（和文拙訳）

いかがでしょうか。

多少、難しいところもあるかと思いますが、おおむねのイメージはつかめると思います。龍神さまをお祀りしたいけど、どういう龍神さまを祀ったらいいのかわからないという人は、まず弁才天を信仰されるといいかもしれません。

また、「もし衆生の心に願求あれば善士、念に随って円満せしめん」とあるように、弁才天はとてもご利益の幅《はば》が広く、普通いわれている知恵や学問、芸術や得財《とくざい》などのご利益以外に、占星術でいう生まれついた星が悪い場合もそれを転じることができるとお経に明記されています。

インドでも昔から星占いが盛んでしたので、そういうご利益が求められたのでしょう。

お釈迦さまの遺言の形式で説かれた『仏遺教経《ぶつゆいきょうぎょう》』では、星占いなどは仏弟子がしてはいけないとされていますが、『金光明最勝王経』は顕教《けんぎょう》から密教への過渡期のお経であり、密教には『宿曜経《しゅくようきょう》』などの星占いのお経が数多くあり、重要な仏教行事はそれを参考にしました。

『金光明最勝王経』にそうした記述があるのは、このお経が極めて密教経典に近い性格だからではないかと思います。

なお、日本では原則として、真言と印相《いんぞう》の両方を説くお経が密教経典に分類され、真言は説くが印相は説かない『金光明最勝王経』は密教経典ではなく顕教経典に分類されていますが、しかしチベット仏教では『金光明最勝王経』は密教経典のひとつとされているそうです。

拙寺《せつじ》・金翅鳥院《こんじちょういん》の前身であった「大慈光教会《だいじこうきょうかい》」の初代信徒総代《そうだい》をお願いした、林天朗《はやしてんろう》という方がいました。この方は在家《ざいけ》で偉大な禅者《ぜんしゃ》であった濱地天松居士《はまじてんしょうこじ》のお弟子さんですが、極めて篤《あつ》く弁才天を信仰していました。

濱地天松居士は日置黙仙禅師《ひおきもくせんぜんじ》のお弟子で、居士の門下には曹洞宗《そうとうしゅう》管長を勤められた高階瓏仙《たかしなろうせん》禅師もいました。また、当時の政界に強い影響力を持った頭山満翁《とうやまみつるおう》などとも深く親交があり、お子さん同士のご結婚で頭山家とも姻戚《いんせき》になられたと聞きます。

天松居士は弁護士であったため、弁舌《べんぜつ》を大事にする意で弁才天を信仰されていたといいます。また、霊夢で庭の松が龍に変じるとみて「天松」を名乗られ、しかも林天朗氏が美術家でしたので、ご自分が熱心にしていた芸術の神でもある弁才天の信仰を林氏に勧められたのだそうです。

天松居士も経済的に苦しい時代があり、そのような時代に日置黙仙禅師から、これを読みなさいと「弁才天五部経」のお経本を頂いたそうです。その時、居士が経本に指をさしはさむや、電撃のような感覚が走ったそうです。

その強烈な感覚にみまわれたのが『白蛇示現三日成就経《びゃくじゃじげんみっかじょうじゅきょう》』というお経でした。宇賀神のご真言を熱心に唱えれば、文字通り三日のうちに貧乏を即座に富貴《ふうき》に転じるというお経です。

それで、このお経を読んでいたら、なんと経文《きょうもん》の文字が光明を放ち、空中に宝珠となって羅列するという神秘体験をされたそうです。

これは、経文にある「字々《じじ》光明を放つ」というそのままだったといいます。

こういうことは、生理学的にいってみれば脳内で起きている「幻覚」の一種であり、傍《かたわ》らにいる人にも見えるような実際の現象ではないのですが、その人にとって「意味のある幻覚」を「神秘体験」とか「霊感」というのだと私は思います。

こういうことを否定したがる仏教者も多いと思いますが、それは宗教をして単なる疑似哲学に堕《だ》さしめるものであり、こういう神秘体験を抜きにして力ある宗教は決して成り立ちません。

一方で、やたらに幻覚に振り回され、四六時中《しろくじちゅう》やれ霊や仏が見えるの、声が聞こえるのと相手かまわずいっている人もあります。

こういう人の中には精神疾患や、人に注目されたいために無意識が故意に幻覚を引き起こしているケースもあるので、注意しなくてはなりません。

正しい霊覚《れいかく》とは、あくまで正しい社会性に裏打ちされねばならぬものです。

さて、「弁才天五部経」はその名の通り五つのお経があるのですが、いずれも日本でできたお経です。仏教学者や修行者によっては、こういうものを「偽経《ぎきょう》」と呼んで軽蔑しますが、そもそも大乗仏典には、歴史上のお釈迦さまが書かれたお経は、一つもないのです。

インドでできたから正しくて、日本でできたものは偽経で無価値だなどというのは、聞いてあきれます。

どの国であれ、優れた仏教者が、霊的な次元においてお釈迦さまに会い、教えをうけ、その教えを書き上げたのが大乗仏典です。

そのような優れた仏教者はインド以外にはいないというのなら、大乗仏教そのものが明確に失敗の産物だということになりましょう。

ところで、面白いのは林天朗氏には霊覚があって、神さまを空中に図形として感じられたそうです。

ご本人から聞きましたが、たとえば弁才天は一本の長い曲線の左右に十五の点が出てくるそうで、この十五の点は弁才天の眷属《けんぞく》十五童子《じゅうごどうじ》であるそうです。

曲線についてはご本人からそうとは聞きませんでしたが、弁才天の化身である宇賀神などの蛇体かもしれません。

また、面白いのは林氏はお正月には、御幣《ごへい》を作成して自ら「大祓祝詞《おおはらえのことば》」をあげられて一年の一家の無事息災《そくさい》を祈ったそうですが、「大祓祝詞」に出てくる祓戸《はらえど》四神は霊的な図形としては「かまぼこ型」が四つ空中に現れるようです。

ある大嵐の晩、ご家族が怖がっていると林氏は、不思議な霊感を感じられ、『金光明最勝王経』の守護神の一つ「金面龍王《こんめん》」が来て大風から家を守っておられると感じたそうです。

「金面龍王」はあまりお名前を聞かない珍しい龍王ですが、『金光明最勝王経』にはちゃんと出てきます。

天松居士は龍の彫られた純金のボタンを大切に開眼《かいげん》して「黄面龍王」としてお守りにしていたといいますが、これが実は「金面龍王」であったかもしれません。

『金光明最勝王経』は先ほど偈文《げもん》を挙げた弁才天のお経である「大弁才天女品第十五」を含むお経ですが、天松居士はもっとも信仰せられた『金剛般若経《こんごうはんにゃきょう》』、『法華経《ほけきょう》』の「観世音菩薩普門品《かんぜおんぼさつふもんぼん》第二十五」と並んで、このお経を深く信じられました。全部で十巻三十一品の長いお経なので、普段は縮尺した『最勝王経要品』をご自分で編纂《へんさん》して拝んでいました。

なお三十一品というのは、三十一章からなるという意味です。

たとえば「大弁才天女品第十五」はその第十五章に当たるので第十五といいます。

天松居士はしかし、東京・上野にある不忍池《しのばずのいけ》の弁天堂において、弁才天への最上《さいじょう》の供養である「浴酒供養《よくしゅ》」の修行をされる期間は、お参りして、七日間で三十一品すべてを読誦《どくじゅ》されたといいます。

弁才天浴酒《よくしゅ》と「修義《しゅぎ》」

「浴酒供養」というのは弁天さまをお酒のお風呂に入れる作法ですが、木像ではなく金属製の像、それも弁天さまそのままではなく弁天さまの化身である宇賀神のお像を入れます。

宇賀神はお身体が白蛇ですので、浴酒に用いる宇賀神像は銀製のものが多いです。

この秘法は聖天《しょうでん》さまの浴油《よくゆ》供養とほとんど似た作法ですが、前述の大弁才天女品に「三十二《さんじゅうに》味香薬法《みこうやくほう》」というのが記されており、三十二種類のお香や薬種《やくしゅ》を入れた水で行水《ぎょうずい》（沐浴《もくよく》）する方法が説かれてるので、それに淵源《えんげん》するのではないかともいいます。もっとも、大弁才天女品の記述では弁才天像を沐浴するのか、行者《ぎょうじゃ》が沐浴するのかは明確に書かれていません。

また、ここで使われる真言は基本的には「弁才天五部経」の中の『最勝護国宇賀耶頓得如意《さいしょうごこくうがやとんとくにょい》宝珠王陀羅尼経《ほうじゅおうだらにきょう》』によるものです。このお経は五部経の中で、もっとも長いものです。

聖天さまの浴油は胡麻《ごま》油ですが、浴酒は文字通りお酒でお像を洗うという違いはあります。

密教では、修行の奥儀《おくぎ》に「灌頂《かんじょう》」という作法があります。

これはもともとは「アビシェーカ」といってインドの国王の即位式《そくいしき》で四大海《しだいかい》を象徴する水を王

の頭頂《とうちょう》に灌《そそ》ぐという作法ですが、インドではこの灌頂という作法が、宗教のさまざまな場面でおこなわれるのです。たとえば神像にミルクやウコン、白檀《びゃくだん》の水、ギー（インドの無塩バター）などをかけるということがおこなわれますが、それも灌頂の一種です。

密教では、修行の最終段階で「阿闍梨《あじゃり》」という密教のマスター（導師）になるのに、この灌頂をおこないます。

この灌頂によって密教行者は、自らの仏としての本性を自覚させられるのです。阿闍梨とはインドの言葉「アーチャーリヤ」の音写《おんしゃ》で、伝承されていく教えを受け継ぎ、また未来へと伝えていく「師僧《しそう》」（師匠）を表します。

実はこの浴酒は、弁才天にその灌頂を授ける作法なのです。

密教のお弟子としての弁才天に、灌頂作法をするのです。ですから、阿闍梨でないとできません。たとえ密教行者でも、阿闍梨の資格を持っていない人がする場合は、同じことをしても単に「花まつり」でお釈迦さまのお像に甘茶《あまちゃ》をかけるように、お酒をかける供養という意味にとどまります。

これはいろいろな意味で大変なことです。畏《おそ》れ多いことですが曲がりなりにも神さまをお弟子にするわけですから。

従って、これをする行者は、あくまで密教の師僧（阿闍梨）として本尊（この場合、弁才天）に向き合わなくてはなりません。師僧にふさわしくない願いをかけることや、日常の言動も当然制限されます。壇に上って修法している間だけが師僧ではないからです。聖天さまの浴油も原理は同じです。

私の師僧は「聖天行者」でしたが、聖天さまの浴油の法を授かりに、当時の天台宗の管長・即真《つくま》周湛《しゅうたん》座主《ざす》をお訪ねすると、「あなたはすでに円頓戒《えんどんかい》（大乗《だいじょう》の菩薩戒《ぼさつかい》）を受けた菩薩僧として聖天さまに向かい合うのだから、衆生済度《しゅじょうさいど》に尽力するよう聖天さまを導くのがその使命である。ゆめゆめ、世間にありがちな天尊の下にあってご利益をせがむような姿勢であってはならない」という指導のお言葉を頂いたそうです。

驚いたことに世間には、これが密教最上の秘法だと聞くと、密教行者でもないのにこうしたことを自らやりたがる人がいます。祈願を叶えたい一心でするのでしょう。気持ちはわからないでもありませんが、そんな真似事《まねごと》をしてもまったく意味はありません。宗教上の罪にすらなるとされています。

浴酒供養も、弁才天は別にお酒をかけてもらいたいのではなく、灌頂をしてもらうことを喜ぶのです。お酒をあげますから私の願いを叶えてくださいという世間的な意味ではないのです。ですからこの作法は、灌頂の密印《みっちん》というのを結びます。

もちろん、自らが密教を修行し、灌頂を受けて阿闍梨としてこれらの密印を知らないとできません。

また、浴酒の場合は「修義《しゅぎ》」といって、大変長い祭文《さいもん》を唱える作法を、百日以上にわたって前行《ぜんぎょう》としておこないます。そして最後には「修義頓成《とんじょう》」といって、七日間で百八座《ざ》（百八回の修行）しないとならないので大変です。

僧侶だからといって、いきなりできるものでもないのです。

もちろん、その間は精進《しょうじん》（菜食）ですので、ご飯と植物性のお料理しか食べませんし、身心《しんじん》を清浄に保つことに注意を払わねばいけません。当然、お酒やたばこなどもいけません。

江戸時代には、浴酒はともかく、「修義」までは、僧侶でない豪商の主人などもしたようです。勝手にするのでないなら在家でも、僧侶から戒を受け法の伝授を受けるという手順をちゃんと踏めば、密教修行がまったくできないわけではないのです。

なお、私が修行した修義の「次第《しだい》」（修行の手順や回数などを記したもの）では、一座（一回の修行）で百遍《ぺん》の長い真言を唱えますが、最後には一日十五座以上にもなるので、唱えきれないだろうから前もって「修義頓成」の前に修すようにとありましたが、それでも情けないことに自然と歯が抜け落ち帯状疱疹《たいじょうほうしん》まで出ました。

これをそのようなかたちでなく、毎日、念誦《ねんじゅ》千五百遍を含めて本当にそれを一週間で百八座やるとなると、ほとんど七日間、寝る間もなく食事の暇もないほどだそうです。

修義は密教作法ですので、その作法の具体的な内容をここに記述することはできませんが、「道具立《どうぐだ》て」（道具の準備）もなかなか大変です。

とりわけ宝珠型の容器を三つつくって、各々《おのおの》に稲籾《いねもみ》、乾隆通宝《けんりゅうつうほう》という中国の古銭《こせん》、それから資産家で有徳人のおうちの庭の土をもらって入れます。

それから弓矢に刀、赤幣《へい》、白幣、不動明王《ふどうみょうおう》や大黒天《だいこくてん》も祀ります。

また五種類のお香を使いますが、これは「沈香《じんこう》」を除くと、いずれも、自分で採集をしたり、つくらなければいけないものです。

また、修義を最初に始めた祖師である謙忠《けんちゅう》さんというお坊さんのお位牌《いはい》も必要です。

ところで、その修義の中に、非常に心を打たれる教えがあるので、本書読者の皆さんに、こっそりお教えしましょう。

☆ 法界一如観《ほっかいいちにょかん》

それは「法界一如観」というくだりです。

「本尊（この場合、宇賀神もしくは宇賀神と不二《ふに》なる弁才天）、法界（宇宙）に遍ずれば、法界は本尊の体なり。本尊、行者の身に入れば行者の身、本尊の身に入る。行者の身、法界に遍《へん》ずれば法界行者の身なり。

荒神《こうじん》ほかになし、自身荒神也《なり》。本尊（弁才天）他に非《あら》ず。自身より生ずる。（中略）無明《むみょう》（迷いの世界）に法性《ほっしょう》（仏の性）あり。これを知らざるを荒神となす。法性に無明あり。これを知るを本尊となす。無明法性もとより一念《いちねん》の心性《しんしょう》を出《い》でず」

少し難しいかもしれませんが、特に大事なのは「荒神ほかになし、自身荒神也」というところです。

荒神とは、人の運命を左右する恐ろしい祟《たた》り神です。仏教では「三宝荒神《さんぼうこうじん》」とよばれることが多いですね。昔はおよそ人生の不慮の災難や不幸は、この神が怒れるためと考えられてきました。悪魔のようなものです。が、実はそれは自分自身なのだというのです。

どういうことなのかというとそれは、「無明（迷いの世界）に法性（仏の性）あり。これを知らざるを荒神となす」とある通りで、我々の迷いはどこまでも迷いではなく、それは実は常に真如《しんにょ》（真理）を含むものである。それを知らなければ荒神の災いを受けるということになる。

逆に「法性に無明あり。これを知るを本尊となす」とは、常に真如の中にも迷いや煩悩《ぼんのう》とみえ

三宝荒神（山形・正善院蔵）

るものはあり、それは迷いとはもはやいえないというのです。そうであれば荒神はそのままに仏（この場合、弁才天）となるというのです。

荒神は「荒神講式《こうしき》」という祭文で、「笑えば中台八葉《ちゅうだいはちよう》の尊、怒れば三宝荒神の尊躯《そんく》を現す」といわれます。

中台八葉の尊とは胎蔵曼荼羅《たいぞうまんだら》の大《だい》日如来《にちにょらい》を中心とする中台八葉院の仏さまたちで、いうなればそのままに仏なのだということです。

仏を荒神とみてしまうのは、我々の心ひとつであるというのです。

つまり、仏というも荒神というも、実は我々の心と離れて存在するものではないのだというのです。

ここはキリスト教などとはおおいに違う点です。

「法界一如観」的にいうならば、究極的には神も悪魔も自分の心そのものなのだということであり、さらにいえば、実は神も悪魔も同じものの裏表にすぎないというのが仏教の思想なのです。

つまるところ、さまざまな天罰も恩恵も、自分自身の心が下しているのです。

かといって荒神や宇賀神や弁才天が、そういう我々が心の中で描いているただの偶像やイメージにすぎないのかといえば、そうではないのです。

そこには本当の意味で、主体も客体もないのです。私たちは自分たちを確固として実在していると考え、そして荒神や宇賀神や弁才天などは実在せずただの偶像やイメージと考えがちですが、決してそうではないのです。

むしろ視点を変えれば、何百年と拝まれてきた存在である神仏のほうが、泡沫《うたかた》のようなはかない我々よりも、はるかにしっかりとした存在ということもできます。

ただ、それがなんであれ我々は、自分というものを通さねば何もわかりません。あるのは我々の認識のみ。ほかは何も一切わからないというのが本当なのです。

よく仏教書などで『般若心経《はんにゃしんぎょう》』などの「空《くう》」の教えについて、我々は空気のような幻のようなもので、真実には存在しないのだ……というような話になりがちですが、それは逆です。

我々、否《いな》、私しか、私というこの認識しか、存在しないのです。

だから弁才天の修義において、さまざまな供物を用意し、祈りを凝《こ》らすのも、結局は自分のためにしていることであるというのです。

修行する時、「自分のことなどどうでもいい」などというなら、それは自分自身をないがしろにしているのと変わりません。

さまざまな供物を用意するのも、しんどい思いをしてでも祈るのも、すべては自分自身を供養するためと変わりません。

それはどんな荒行《あらぎょう》でも、山に登るのも断食《だんじき》するのも滝に打たれるのも、仏教の考えでは本当はそうなのです。

いかなる難行苦行《なんぎょうくぎょう》も、神仏のためではありません。自分のためです。

それではただの「利己《りこ》主義」じゃないか？　と思うでしょうが、裏を返せばそこに自分を含まぬ博愛《はくあい》も人類愛も、すべては偽物《にせもの》です。自分を大事に思わず、自分を「つまらぬもの」と思うような行為は、何であれすべてニセモノです。

第二次大戦中、どこの国でも多くの若者が「祖国のため」といって戦死しました。

彼らの中には、泣く泣く徴兵《ちょうへい》で戦場に行って死んだ人ももちろんあるでしょう。

しかしながら、積極的に祖国のために志願して兵になったり、わが国では死出《しで》の旅路となる特攻機に乗った人もたくさんいました。

でも、誤解を恐れずいえば、この「祖国のため」というのも、私にいわせれば実は究極的には自分のためなのです。

でも本当に自分のためなら、特攻機に乗って死のうとしたのはなぜだったんでしょう。もちろん、自分のためといっても、これはただの利己主義などではないのは当然です。なんといっても、死んでしまうのですから。

それは自分が日本人であり、祖国には家族や同朋がいると思うからこそ、そのためにこそ意義ある生を全《まっと》うしたかったのでしょう。

つまり、自分の命を捨てる選択をしながらも、彼の認識の中では「命」の枠《わく》は、実は家族や同朋に広がっているのです。

結果として自分の命を捨てるわけですが、でも、そこに自分というものがないなら、そういう考えには決してならないのです。

この話をするのは、決して「特攻」を美化する意図はありません。

それどころか、こんな作戦を考えた人間も許可した軍令部も、万死《ばんし》に値《あたい》すると私は思います。「こんな酷《ひど》いやり方は、もはや作戦とはいえない！」と怒った将校もたくさんいたと聞きます。当然だと思います。

でも、我々日本人が、特攻に行った若者たち自身に罪は問えないと思うのです。

敵から見れば、彼らのために大事な艦船が沈められ仲間の兵士が亡くなったのですから、そうはいえません。とても恐ろしく、また憎むべき存在だったでしょう。

しかし、我々日本人に限定してみれば、悲しい彼らの犠牲も含め、当時の日本人の戦災の苦労があればこそ、今の日本があるのだと思うのです。

いいたいことは、たとえ死ぬというようなことにしても、人間には自分の死に様はどうありたいかという選択があるということです。

だから逆に、どこまでも自分くらい大事なものはありません。

先に死ぬ話をしましたが、生きるのも同じです。まず自分がしっかり生きることを考えなければ、周囲を生かすこともまた出来はしないのです。

もちろん、仏教は「空」の教えですから、その教えに照らすなら、どこまでも自分は自分という「殻《から》」に限定された存在でないし、絶対独立の存在でもないのです。

本当は、自分と宇宙の境界線は、非常にあいまいなのです。

というより、本来そういう区別がないというのが、仏教的にいえば真実なのです。

わかりやすい例を挙げれば、私たちは「開放系《かいほうけい》」といって、外部から食べ物や水や空気を取り入れては排出して生きています。生き物で開放系でないものはありません。

このことだけでも、私たちが絶対独立の存在ではないことが明らかです。

地球の上で、この温度や湿度の中で、初めてこの人間の姿をとどめているのです。

自分が本来は無いということや「空」だという表現は、実は自分は広大無辺《こうだいむへん》な大宇宙と一つということと同じです。決してあやふやな存在に堕することでないのです。

私はこの修義の行法《ぎょうぼう》をやっている最中に頂《いただ》いた「気づき」を、当時の次第書に書き留めています。

「平成十三年六月四日　周囲をひとつずつ取り去ると（しまいには）何もなくなってしまう。

周囲が自分のかたちを造《つく》る。（自己に）本質があるのではなく、周囲によって存在している。

周囲もまた然《しか》り」

龍神信仰の真のご利益

今は「龍神ブーム」というか、受験、商売、財運、良縁、健康など、あらゆる願いが龍神さまに寄せられています。

それはそれでいいと思いますが、龍神さまは本来「水の神」であり、その「水の神」としての龍神さまへの信仰にこそ、私たちに真に必要な、非常に尊い教えが隠されていると思います。

私の感覚では、寺社に祀られている龍神さまを別にすると、龍の多くは、普段は人間と関係なく暮らしているのだと思います。それは、野生動物がそうであるのと一緒です。

龍を含む「八部衆《はちぶしゅ》」というのは人外の存在で、元来そういう存在が仏法を求めたために形成されているグループです。

要するに、鬼神《きじん》の仏教信仰団体のようなものです。

龍以外の存在を見ましても、「天《てん》」「阿修羅《あしゅら》」など別世界の存在です。

他には「夜叉《やしゃ》」といって樹木に住む鬼神、「乾闥婆《けんだつば》」は蜃気楼《しんきろう》を体とする精霊、「緊那羅《きんなら》」や「摩睺羅迦《まごらが》」はともに半獣神で、緊那羅は首から上が馬、摩睺羅迦は蛇といいます。「迦楼羅《かるら》」は本書第二章などでもいいましたが、金翅鳥《こんじちょう》という龍を食べる巨大な鳥神です。

彼らは人間界とは異なる別世界の住人ですので、普段は我々人間との接点はないのです。それゆえ、仏や神という存在を介さないと、我々は彼らとつながれません。

祀られている「龍神」というのは、その接点になる存在です。

要するに、龍の世界とつながるには、龍神といわれる祀られた存在が必要なのです。

さて、私たちの先祖がそういう龍神に求めたのは、なんといっても「水の恵み」です。水をくださる有り難い存在。それが龍神です。

ここには何よりも自然の恵みに対する深い感謝があります。

たとえば、修験道の修行で山へ行きます。はじめのうちは、なんとしても無事に登って降りてくることしか考えませんが、だんだんと周囲が見えてくると、自然の素晴らしさが実感できます。水のおいしさ、木陰《こかげ》の涼しさ、樹木の美しさ。山を有り難いと思うのは、「水分信仰《みくまりしんこう》」（水の分配を司《つかさど》る神への信仰で、古代よりおこなわれている）からはじまるといいます。

だから霊山《れいざん》とは、ゴツゴツとした高くて恐ろしげな山容の山ほどいいわけではないのです。低くても豊かな山、ふもとの我々を支えてくれる山が霊山なのです。

もちろん、雪をたたえるような高い山も、それが雪解け水となれば我々を潤《うるお》すのは自明《じめい》の理《り》です。

今の日本では蛇口をひねれば水が出るのが当たり前ですから、水の恵みといってもそのようなことはあまり思わないかもしれません。

でも、多くの国では、今でも瓶《かめ》をもって井戸や水源に行って必要な水を汲《く》んでいるのです。

二〇一七年時点で世界で水道水の普及率が百パーセントに達しているのは、欧州のスイス、デンマーク、ブルガリア、イギリス、スウェーデン、フィンランド、オーストリア、ベラルーシ、そしてアメリカやカナダ、オーストラリアなどです。

私がバリ島に行った時は、トイレに水桶《みずおけ》が用意してあり、紙もなく、それでお尻を洗いました。

この水さえも貴重な国が、本当にたくさんあります。

現代の日本では、水の神に感謝するという機会が少ないかもしれませんが、それこそ潤沢《じゅんたく》に恩恵を受けているのですから、余計に感謝すべきなのではないでしょうか。

私は、龍神信仰とは本来、「自然への感謝」そのことに尽きると考えています。

本当は龍神信仰とは、改めて何かを求めて祈る信仰ではないのです。すでにあるものに対する感謝の祈りなのです。

お金が儲《もう》かるとか恋人ができるとかより、まず何よりも水が欲しいという人が、今も世界にはたくさんいます。

もちろん、龍神さまにいろいろ願い事をしても、それは悪いことではありません。

それはそれでけっこうです。が、それ以前に何よりも忘れてはならないことがあると思うのです。

すでに環境に恵まれている私たち日本人は、欲しいものを手に入れることのみが幸せと勘違いしている節《ふし》があると思います。でも、すでにあるものに目を見張れば、十分幸せであることが分かるのです。まず、そのことに手が合わさるのが本当です。

人間や生き物の生存に、絶対に必要なものはなんでしょう？

まず、空気ですね。地球上で空気のないところはありません。

では、次に必要なのは？　水です。

植物や作物や、それを食べる家畜をはぐくむのも、まず水です。

食べ物も、水がなければ手に入りません。

そもそも、五億年の昔に生命が誕生したのも水の中です。

最近は、火星にも大昔は水があったことがわかったそうで、そのころの火星にはなんらかの生き物がいたかもしれないといわれています。

水こそは、生命の絶対存在要件なのです。

一年に一回の短い雨期の間だけ出てくる、乾燥地帯の蛙《かえる》のような生き物もいますが、彼らも水がいらないという存在ではないのです。

むしろ彼らこそ、水を待って生きているといってもいいでしょう。

これでわかったでしょう。渇《かわ》きや飢《う》えで死ぬような環境にない我々日本人は、すでに十分、恵まれているのです。

この気づきがないと、いくら欲しいものを手に入れても、その当座しばらくの喜びだけで終わります。そうなればやがて、何でも「あって当たり前」になるのです。

☆人間の幸せとは?

私の気功《きこう》の先生に、出口衆太郎《いでぐちしゅうたろう》という先生があります。日本や中国の武術を研究して、その所作《しょさ》から「自然身法《しぜんしんぽう》」というのを編《あ》み出した方ですが、その出口先生の師匠にS老師という方がいます。

このS老師は直心影流《じきしんかげりゅう》という剣術などの武術の達人で、また禅の大家・大森曹玄《おおもりそうげん》老師のお弟子さんであり、そして「立禅《りつぜん》」の大行者でもあります。

立禅というのは、立ったまま禅を組むのです。「なぜ立ったまま?」と聞くと、S老師は「せっかく足があるのに、坐《すわ》っている必要はないでしょう」といわれました。

このS老師は日本人ですが、戦前併合《へいごう》時代の朝鮮で生まれました。大きな果樹園のお坊ちゃんで、生家は豊かだったそうですが、生来体が弱く、医者の話では長くは生きないだろうということでした。なんでも全身が皮膚病で、そのために昼夜なく苦しんだといいます。

また、抵抗力が低いためかいろいろな伝染病にもかかり、少年時代はほとんど隔離《かくり》生活を送っていたそうです。

それで、もうどうにもならないので、ある時、絶望の末、池に飛び込んで死のうとした。そうしたら、いつのまにか自然と泳いでしまい、助かってしまったそうです。

それで、「ああ、自分自身はいくら死にたくても、この命自体は死ねないものなのだ」と思ったそうです。

やがて日本が戦争に負けて朝鮮は独立し、S老師も内地に引き上げてきました。だけど病身なので、これといって何もすることがなく、無為《むい》に過ごしていたそうです。

そうしたらある日、不思議な男性に出会ったことがきっかけで、紀州《きしゅう》（和歌山県）熊野の山中に入山し、山籠《やまご》もりの生活を始めることになったのだそうです。

どうせそのうち死ぬと思っていたので、そんな山奥の洞窟のような処《ところ》で生活を始めたのかもしれません。

これという煮炊《にた》きもしないで、ほとんど自然のもののみで生活したそうです。あとは味噌《みそ》をなめたり「麦こがし」のようなものを食べたそうです。

その不思議な男性は、時々やってきてはS老師にいろいろな所作を教えたそうです。立禅や武術もその時教わったのだといいます。この男性はどうやら大陸から帰国した人で、中国武術を修めた人のようだったそうです。

ところがある時、その男性にいきなり顔を足で蹴飛《けと》ばされた。

「いったい何なのだ？」と驚いて男性を見ると、

「その顔はなんだ。お前は今、怒っているのか。だがそれは俺にではなく、本当は自分と戦っているんだ」

といわれたそうです。

乱暴なやり方ではありますが、心の微妙な働きを看破《かんぱ》して指摘されたのです。

最近知られてきた心理学者のアルフレッド・アドラー（一八七〇～一九三七）がいうように「人は実はものごと自体に怒らされているのではなく、怒らなければいけないという選択をして意図的に怒っているのだ」という指摘と同じことだと思います。その男性は「それは実際は他人ではなく自分と戦っているんだ」と表現をしたわけです。

それからのS老師は、男性が打っても蹴っても、だんだんと平気な顔をしているようになったといいます。そうして年月は経ち、最後に二人が別れる時は決してうしろを振り返らず、そのまま行けといわれて下山しました。

その間、病はすっかり治ってしまいました。

朝鮮にいた時は、医者よ薬よとあらゆる手を尽くし、暖かい布団にくるまれて安静にし、それでもどうしても治らなかった病なのに、山奥で獣《けもの》のような暮らしをしていてすっかり治ってしまったのです。そうした生活で、逆に本来あるべき生命力が内側から湧《わ》いて出てきたのでしょう。

下山後は大森曹玄老師の門下に入って禅修行、さらに諸国行脚《しょこくあんぎゃ》の修行をされたそうです。

諸国行脚といっても禅寺《ぜんでら》を訪ねて修行するのでなく、文字通り樹下石上《じゅかせきじょう》の行脚であったそうです。

ある時など、北海道で大きなヒグマと山で共に何日も過ごしたといいます。

今でもS老師が、ある山中の小さな村落に暮らしておられる由縁《ゆえん》です。

今年（二〇一七年）、そんなS老師を出口先生がお招きして、直接に立禅や武術の身体づくりを教えていただきました。

以前にもお会いしてご指導いただきましたから、今回で二度目です。

そのあとでの、会食《かいしょく》の折での話です。

私がS老師に、「先生からご覧になって、人間の幸せって何だと思われますか？」とお尋ねしました。

するとS老師は「そんなものないでしょ」とのお答え。

これには正直驚きました。皆さんも驚くかもしれませんが、でも、私は私なりにですが、この

S老師のお言葉に大きな気づきを頂《いただ》いたのです。

S老師は「生きているだけで十分」なのだといいます。

「ここにこうして、あなたも私も生きているじゃないか?」

といわれます。

でも、そんな答えでは到底納得できないという方もおそらくいるでしょうね。

そういわれる方の、いいたいことは大体わかります。「ただ生きているだけじゃ、そんな人生は意味がないでしょう。生き甲斐《がい》とか喜びとか、自己実現とか自己表現とか、そういうのがあっての人生でしょうが?」と、そういうことでしょうね。

それはそうかもしれません。

では、どうなればあなたは幸せなのでしょうか?　大金が手に入れば幸せ?

あの人と結婚できれば幸せ?　それとも仕事で評価されれば幸せ?

あるいは恋人ができる、給料が上がる、希望の大学に入るとか、子供が生まれるとか、はたまたお店が持てた時でしょうか?

確かにそんな時には、誰しもうれしさで気分が高揚《こうよう》して、興奮してしまいますね。もちろん、それらも確かに幸せに違いないでしょう。

でも、それらはいってみれば、どれもこれも「人生のイベント」にすぎません。確かにうれしいのですが、実際は、あなたの人生の「点」のような極めて短い時間、至福に浸《ひた》れている。実はそういうことを我々は「幸せ」といっているのです。

いってみれば、人生のお祭りのようなものです。

しかも、人はそれで恒久的《こうきゅうてき》に幸せと思うものでもありません。

しかし、そうやって多くの人が「人生の花の瞬間」を生き甲斐と思い、アルバムづくりのようにして生きている。時間にすれば点のようなイベントとイベントとの間は、ほとんど記憶にもないかもしれません。

でも、それでは人生がもったいなくありませんか?

あなたが喜ぶべき時間は、もっともっとたくさんあるはずです。なぜなら、実は本当に喜ぶべきものは、もともと我々に備わっているものだからです。

それが、S老師のいう「生きている」ということです。

これは、大変な病を苦しみぬいたS老師だからこそ、真に実感できることなのでしょう。

だから「そんなものないでしょ」というS老師のこの言葉は、「お前さんがいおうとしている〝これこそが幸せ〟なんてものはないでしょ」ということだと私は解釈しました。

でも、生きているだけじゃ味気ないと思うのも人情です。

『法華経《ほけきょう》』の「化城喩品《けじょうゆほん》」に、こんな話が書かれています。

長い長い旅を行く一行《いっこう》が、疲れてしまった。そこでその一行のリーダーは一計《いっけい》を案じます。

「この先に素晴らしいお城がある。目的地だ。そこには美味しいものもきれいな水もあるよ」

といいます。

この時代のインドのお城は城郭《じょうかく》都市ですね。ただの建物ではありません。町なんです。それで人々は喜び勇《いさ》んでいくのです。

でも、それは本当の目的地じゃない。でも、そこで休み、疲れをとり、食べ物を食べて楽しんだら、また次の旅に出る……というお話です。

前述した「人生のイベント」とは、このお城のようなもので、仮《かり》の目標です。

幸せとは、そのようなものでしょう。

なくてはならないけど、本当の目的はお城じゃない、人生という旅自体のほうなのです。

そもそも、私たちが生きていくうえで、どうして「人間の幸せとは何か」をなにかしら特定したり規定しなくてはいけないのでしょう。

つまり、そんなものなくても大丈夫なのです。

まだ見ぬ幸せがどこかにあると思えば、それを自分はまだ手に入れてないという悩みが生まれる。ついには、それのみが頭を一杯にしてしまう。

そういうことが起こりがちですが、これは自縄自縛《じじょうじばく》の巧妙なからくりにすぎません。

そんな哲学的な余計な思索は、ほうっておいても生きることは簡単ですし、人生はいくらでも楽しめます。

「いいや、それはバカな人間やいいかげんで無教養な輩のいうことだ」と思う人もあるでしょう。でも、今ないもの、架空の夢をどこまでも追い求め、今、目の前にある幸福に気がつかないほうが愚かだと思いますが……どうでしょうか。

「人生の成功」などといっても、生きていることそのこと自体に比べれば、所詮《しょせん》は犬や猫が品評会でもらう賞のようなものと大して変わらないのです。

当の犬や猫にしてみれば、入賞しようとしまいとどうでもいいのです。特別な賞などもらわなくても、家で可愛がってもらってご飯が頂ければそれでいいのです。

人間は犬や猫ではないですが、あなたの名声が天下に賞讃されようと、だれといって特に知られぬ路傍《ろぼう》の草のようであろうと、そんなことは生きていること自体に比べれば、大した喜び事ではないのです。

幸せは、もう、すでにあります。
だから、自分にいいましょう。朝起きたら、

目よ、ありがとう。
鼻よ、ありがとう。
耳よ、ありがとう。
口よ、ありがとう。
歯よ、ありがとう。
舌よ、ありがとう。
皮膚よ、ありがとう。
手よ、ありがとう。
足よ、ありがとう。
心臓よ、ありがとう。
肺よ、ありがとう。
腎臓よ、ありがとう。

胃腸よ、ありがとう。

肝臓よ、ありがとう。

脳よ、ありがとう。


まだまだありますよね。

当たり前だと思うことは、実は当たり前じゃないんです。

あなたが生まれる時、ご両親は、あなたが生きて生まれるか？　目や鼻はちゃんとあるか？　手足はちゃんとあるか？　そういうことを本気で心配したはずです。

まだまだあります。歩けること。眠れること。食事ができること。仕事があること。それができること。家族があること。配偶者やパートナーがいること。親があること。子供があること。話す相手がいること。買い物ができること。住むところがあること。ワンコやニャンコや小鳥や観賞魚がいること。ベランダに美しい花の鉢があること。

これらの、すでにあるものがどれ一つなくなっても、あなたは不幸と思うかもしれません。

「龍神さまは水の神」だなんていうだけじゃ、そんなのつまらない……と思ったあなた。

長々とこんな話をしたのも、まず水の神さまの有り難み、自然の有り難みを、改めて同じように知ってもらいたいからなのです。

生態系《せいたいけい》への帰依《きえ》こそが龍神信仰

もっとはっきりいってしまえば、龍神信仰とは、「生態系への帰依」なのです。

龍神さまのご利益も、生態系そのものです。

だから、改めて何かのご利益を求めて祈るようなものではないのです。

もともと太古における日本の神々は、そのようなものです。

ご利益を求める以上に、もう頂いている恩恵に感謝するための場所、それが神社なのです。

その感謝が、次のご利益を生む。

「祭《まつり》」とはそういうものです。

祭はもともと「真釣《まつ》り」で、「真《ま》」と「我」を釣り合わすための儀礼が「お祭《まつ》り」です。

釣り合わす「真」とは、神さまからの海山の恵み、天地自然の恵みです。「祭」とは、それらに感謝することにほかなりません。

なお、両部神道《りょうぶしんとう》（密教と融合した神道）では、日本の神々は皆、「蛇形《じゃぎょう》」（蛇の姿）だという口伝《くでん》があります。ここでいう蛇とは、もちろん龍でもあります。

極端な話が、日本の神さまたちは皆、おのおの「龍神としての顔」を持っているということです。

なぜ蛇なのか？　それは昔ならどこにでもいる動物であり、しかも脱皮によって死と再生をくり返すような生き物と信じられてきたからです。日本の神々は、どこにでもいるのです。田んぼの案山子《かかし》でさえ神としました。

ただし蛇に神秘性を感じて信仰したのは、決して日本だけでなく、太古においては人類共通です。恐いけれど不思議で偉大な存在が神でした。だから、どこの国でも蛇や龍の神はいる（いた）のです。彼らは自然の神格化です。

ただ、西洋ではキリスト教の定着以降、自然は人類に征服されるべきものですから、どちらかというと怪獣のような恐い龍の話や龍退治伝説が多いですね。

東洋では、自然と調和することを理想とする考え方が主流だったので、龍は基本的に崇敬され大切にされてきました。

このことがわかると、キリスト教でなぜ悪魔が龍や蛇の姿をとるのかが、納得がいきます。キリスト教では、神は人間の側に立って自然を克服し征服する存在だったからです。

日本では、人間が自然と一つになる道が神の道でした。それが「神のまにまに」ということです。専門的には「かんながら」（惟神）といいます。

日本では、太陽も、月も、海も、森も、山も、みんな神さまです。当たり前ですよね。自然が即《そく》神さまですから。

神さまは、頭で考え出したような哲学的な難しいものでなく、見まわせば周《まわ》りは神さまだらけ。それが日本の神道の考えです。

ですから龍神さまは、自然の守り神です。おそらく地球が人間に対抗して自己防衛のために生み出した、「霊的防衛システム」の一環なのでしょう。

古来、人間が海を荒らし山を荒らせば、龍神さまは怒ります。彼らは別に我々人間の味方などではありません。

その点は、観音さまやお不動さまやお地蔵さまのような仏さまたちとは、まったく違う存在なのです。

観音さまやお不動さまやお地蔵さまは、もとより我々のためにこそ出現された存在ですから、どこまでも私たちの味方です。

しかし、龍神は違います。一度怒らしたら、お賽銭《さいせん》などで手なずけられると思ったら大きな間違いです。海が荒れ山が荒れれば、時として多くの死人が出ます。

そのくらい怖いものなのです。

自然災害の原因を「龍神の怒り」だというのか？　とあきれる人もいるでしょうが、私は気象学や科学的原因の話をしているのではないのです。自然をどうとらえるべきなのかの話をしています。

我々の先祖は、それを龍神としてとらえてきたのです。そしてその考えにも学ぶべき大きなものはあるはずです。

龍神を「愛の化身」だなどと、安易にロマンチックなものとしていう人もあるようですが、何をもってそんなことをいうのか、私には理解できません。

ここで私のいう「龍神」とは、スピリチュアル系の書物によく出てくるような、人間の潜在意識を分離しただけの存在や、人間の理想や思いをたっぷり盛り込んだ偶像の話をしているのではないのです。

そもそも、龍神が動物の姿をしていることからもわかるでしょう。人間の手前勝手な理屈など通用しないということです。

仏法の守護神となって仏さまに「衆生《しゅじょう》を守ります」という誓いを立てた龍神さまを除けば、龍とは本来、人間なんかには無関心です。

逆に人間が龍に関心を払うべきなのです。特に、龍がいるところへ行く時は。だから古来、海に入る時や山に入る時は、まず祀り、自然の恵みに感謝し、そして許しを受ける。そういうものでした。

海や山だけではありません。

今ではほとんどなくなりましたが、井戸を使っていた時代は、井戸はとても神聖なものでした。井戸を廃する時は、ただ埋めるのではなく、厳格な宗教的作法もありました。

今は、蛇口《じゃぐち》から水が出ても、手を合わせて拝む人はいないですね。

しかし昔の人は、井戸を拝んだのです。

一九六〇年のローマオリンピックと一九六四年の東京オリンピックで、マラソンで金メダルを二連覇したことで有名になったエチオピアのアベベ・ビキラ選手は、日本からの帰国の折、水道の蛇口をたくさん買って帰ったそうです。

「これがあればどこでも水が出るんだ。みんなが助かる!」

本気でそう思ったそうです。この話は我々にとっては笑い話かもしれませんが、その実は、決して笑い話なんかではないでしょう。

それが本来の水というものなのです。

皆さんは、水を手に入れるのに難儀《なんぎ》した経験がありましょうか。

水ばかりではありません。我々日本人は、自然環境に恵まれた国に住んでいます。その恵みこそが龍神さまの恵みであり、ご利益です。

ある神社へ行きましたら、神さまを拝む時に唱えるべき言葉として、

「浄《きよ》め給《たま》い、祓《はら》い給《たも》う」（「神さまは悪いものを浄めてくださり、祓ってくださった」という意味。すでにそうなっているという過去形の言葉であることに注意）

と書いてありました。普通は「浄め給え、祓い給え」（「浄めてください、祓ってください」）がほとんどだと思いますが、信仰の心構えからいえば「浄め給い、祓い給う」のほうが正しいのです。

神社詣《もう》でとは、神さまのご守護の働きを認識し、恵みに感謝するものだからです。

つまり私たちは、もうすでに、神さまのご守護を得て、恵まれている！　このことに気がつくことが、真に豊かに生きるということです。

特に龍神信仰においては、この「すでにご守護を得て、恵まれている」ということに気づき、感謝するということが、とても大切なのです。

このこころなくして、たとえ何十億円何百億円儲けようと、人は本当の意味では豊かになれないと思います。むしろますます傲慢《ごうまん》になり、龍神さまとは遠い遠い心の人になるのでしょうね。

大変残念なことに、最近、さる超大国のリーダーが、「地球温暖化などでっち上げだ」といわれたようですが、私のようなものにでも自然の異変は感じます。

どうもこの方は、支持者ばかりを対象としてものをいっているようですが、改めるべきは早く改めないと、我々は地球規模でとりかえしのつかぬ龍神の怒りを受けることになりかねません。

大災害になれば、その国だけが不幸になるというのではないのです。

一九五四年（昭和二十九年）に上映された、日本映画「ゴジラ」を知っていますか？

映画は観たことはなくても、名前を聞いたことくらいはあるでしょう。

水爆《すいばく》の洗礼を受けた古代生物が、巨大怪獣ゴジラとなって東京を襲う話です。「子供だましの映画」だと思うかもしれませんが、黒澤明《くろさわあきら》監督の「羅生門《らしょうもん》」と並んで、戦後のわが国の映画輸出第一号になった、優れた芸術作品です。

海外でも大きな反響をよびました。

巨大なドラゴンのような姿のゴジラには、まさに日本の龍神の怒りのイメージが、そのまま反映されているといっていいでしょう。おそらく我々日本人の無意識の中にある、龍の「アーキタイプ」（元型《げんけい》）が、形になったのだと思います。

ゴジラが現れなくても、地球のエコを本気で考えないと、大きな災いをよぶことになります。

第七章

龍《りゅう》神《じん》さまとの付き合い方

☆神は非礼《ひれい》を受け給《たま》わず

水の神であった龍神さまに、現代では多くの人がいろいろにイメージを付加して、デコレーションされていますね。

強運をもたらす神、財宝の神、良縁の神、宇宙最高の神などなど……まるでコマーシャルよろしくゴージャスに飾り立てた商品のようです。

でも、前章でもいったとおり、神として祀られる以前の龍は本来、我々人間とは関係なく生きている、自由な「自然霊」だったのです。

お祀りされているからといって、人間の願い事をどうしても叶えなくてはいけない義務など、龍神さまの側《がわ》にはありません。龍自体は、我々人間に対して、何の責任もない存在なのです。

もちろん、仏法に帰依《きえ》して仏さまに「衆生《しゅじょう》を救います」という誓いを立てた龍神さまもいます。でも、そういう龍神さまも、もともとの気性が激しいため、我々が期待するような優しいやり方で接してくれるかどうかはわかりません。

では、龍神さまに願い事をすることは、しないほうがいいのでしょうか？　そんなことはありません。してもまったくかまわないのです。

ただし、前章でいったように、水などの自然の恵みなど、龍神さまからすでにもらっているご利益《りやく》に、感謝すること。このこころがなければダメなのです。

龍神さまのご利益は、この感謝の延長線上にあるものなのです。

そして、龍神さまにさらなるご利益を望むのなら、龍神さまと「仲良くなること」が何よりも大事なのです。このこころなくして龍神さまとはつながれません。

でも、龍神さまは、観音《かんのん》さまやお不動《ふどう》さまのように救済者としてのみ出現された存在ではありません。龍神さまの多くは水源や土地の自然を守る守護神であり、普段はこちらにとりたてて関心はないのです。

では、どうしたら仲良くなれるのでしょう？

仲良くするためには、「挨拶《あいさつ》」からしなくてはいけません。人間も龍神さまも、そこは同じです。認識していただくのです。認識のないものは、仲良くしようがありません。

だから、第一に、龍神さまが祀《まつ》られている神社やお寺に、よくお参りすることです。

そしてお参りの際は、願い事は後回しです。

まず、仲良くするには、初めから押しつけがましい要求はいけません。

知らない人が自分に妙に馴《な》れ馴《な》れしくしてきたかと思うや、いきなり「お金を貸してもらえませんか?」などといわれたら、あなたはどう思いますか?

怪訝《けげん》に思いませんか。同じことです。

最初は祈願がなくても、神社ならお神楽《かぐら》をあげてもらったり、お寺ならご法楽《ほうらく》（お経や真言をあげること）してもらってもいいでしょう。

そういう祈願の受付などない小祠《しょうし》や摂社《せっしゃ》、末社《まっしゃ》などなら、ご自分で祝詞《のりと》やお経をあげればいいでしょう。

大事なことは、龍神さまの多くは、「実類《じつるい》」の神霊だということです。

実類とは、つまり、我々人間と同じように、感情を持った存在なのです。

実類の対義語が「権類《ごんるい》」です。権類とは「権《かり》（仮）に現《あらわ》れたもの」、つまり、本地《ほんじ》（正体）は悟りを得ている仏《ぶつ》・菩薩《ぼさつ》だけど、あえて神という仮の姿で垂迹《すいじゃく》（化身）している存在、ということです。権類は悟りを得ているので、実類のような感情まかせの振る舞いはしない、ということになっています。一般には権類といわず、「権現《ごんげん》」ということが多いですね。

しかし、権現とよばれている龍神さまの中には、本当の権現（仏・菩薩の化身）ももちろんいますが、単に尊称として権現とよばれているだけで実際は実類というものもあり、見分けはつきません。

　それゆえ、たとえ権現とよばれていても、実類の龍神さまに対するのと同じように、畏《おそ》れと敬《うやま》いの気持ちを十分すぎるほど持って接したほうがいいでしょう。

　ちなみに、観音さまやお不動さまのような仏さまと、自然霊である龍神さまとの違いをいうなら、よく信仰上バチが当たるとか当たらないとかいうようなことをいいますが、観音さまやお不動さまなどの仏さまが与えるバチというのは、実はどこまでも慈悲によるお導きなのです。

　『観音経』（『法華経《ほけきょう》』の「観世音菩薩普門品《かんぜおんぼさつふもんぼん》」）の偈文《げもん》に、「慈意《じい》は妙《たえ》なる大雲《だいうん》のごとく、悲体《ひたい》の戒《かい》は雷震《らいしん》のごとし」とあるのがそれです。バチが当たるような体験をしても、それは灸《きゅう》を据《す》えてでも正しきに導こうという大悲《だいひ》の御心《みこころ》です。

　ところが、龍神さまはじめ「八部衆《はちぶしゅ》」は、必ずしもそうはいきません。特に悪龍でなくても、本当に怒らせたら何をするかわからない存在なのです。

　だから、決して「無礼《ぶれい》」はなりません。

　自然霊とは、そういう恐さがあります。

　これは龍神さまの話ではありませんが、お父さまがガンになられたというMさんという娘さんが、拙寺《せつじ》（金翅鳥院《こんじちょういん》）にご相談に見えました。

　そうしたら、Mさんの背後に、真っ赤な口を開けた大きな白いキツネが見えます。

私はいわゆる霊能者ではないのですが、ごく稀《まれ》にそういうものが見えることがあります。これは私自身の霊的な能力ではなく、必要に応じて神仏が見せて教えてくれるのだと思っています。

それが証拠に、普段は自分で自由自在にそういうものが見えることはないのです。

聞けば、昔、お庭にお稲荷《いなり》さまの祠《ほこら》があった。ところが近所の新興宗教の信者に「稲荷なんてものを祀っていたら大変なことになる」と脅《おど》かされて恐くなり、Mさんのお祖父《じい》さんが、その石でできた立派な祠を、粉々に破壊したのでした。

それで、そのお稲荷さまの眷属《けんぞく》（従者、配下の存在）であるキツネ（霊狐《れいこ》）たちが、もうカンカンに怒っているのですね。「今までお前たちを守ってやったのに、よくも恩を仇《あだ》で返したな！」というわけです。お祖父さんはもう亡くなっているので、次はこの家の主人に思い知らせようというわけです。

もちろん、これはキツネといってもそういうイメージで見えるだけのことで、哺乳類《ほにゅうるい》の狐ではありません。そういう姿で現れたご眷属です。

この話をMさんにしたら、庭の踏み石にしていた祠の破片を、大急ぎで集めて持ってこられました。これにお詫びのお祈りをしてほしい、というのです。

それでお祈りしたら、その後お父さまはかなり回復したのですが、やはり残念ながら最終的には急に容体が悪化して亡くなられました。

こういう場合、世間では「稲荷の祟《たた》り」などといいますが、当の稲荷明神《みょうじん》（霊狐たちの主《あるじ》）ご自身は、さっさと帰ってしまうことが多いのです。

神さまの目から見れば、「所詮《しょせん》は人間なんて勝手な生き物」と達観《たっかん》しているからでしょう。

でも、眷属は必ずしもそうはいきません。彼らは私たちと同じ一種の生き物、つまり「実類」の神霊であり、私たちと同じように感情を持っていますから、理不尽が過ぎると思えば、場合によっては復讐《ふくしゅう》も考えます。

龍神もそうです。基本的には喜怒哀楽《きどあいらく》のそういう感情を持っています。

仏というものは、慈悲のゆえに感情には支配されない徳《とく》というものがありますが、眷属は仏ではありません。

本尊は怒らなくても、眷属は別です。「よくも私が仕《つか》える明神さまをバカにしたな」というわけです。「忠臣蔵《ちゅうしんぐら》」ではありませんが、集まって報復《ほうふく》を企《くわだ》てることもあります。

邸内のお稲荷さまなどは、代《だい》が代わるとよく「祀《まつ》り棄《す》て」にする典型ですが、次の世代が信仰しないなら、神官や僧侶に頼んで「抜魂《ばっこん》」の儀式をきちんとしてもらうべきです。

「神は非礼《ひれい》を受け給《たま》わず」という言葉があり、礼儀や筋目《ふしめ》は、こういう神霊と付き合ううえでは何よりも大事なのです。

龍神さまも同じです。ご利益欲しさに盛大に御神体《ごしんたい》やお像などをお祀りしても、祈願が叶わないとだんだんおろそかにして、そのまま放《ほう》ってあるなどというのはなりません。

ですから、はじめは神社仏閣にお参りするだけとか、あるいはお札《ふだ》だけをもらってください。

「龍神を祀りたいんです」などといって、勢いでいきなり龍の像などを祀るのは感心しません。

お姿が具体的ですとご利益も具体的ですが、当然、働きも強いので、もし中途半端な扱いで怒らせたりすれば大変です。

お札もお像も、本来は変わりはないのですが、受け取る側《がわ》の心に違いがあります。

聖天《しょうでん》さまのお像も一般家庭では祀ってはいけないということになっていますが、以前、禁を破りご利益欲しさから祀って、大変な目に遭《あ》った人がいました。それで困ってお見えになった。

「なぜ、お札を祀っても祟らず、お像は祀ると祟るのでしょうか？　所詮、紙と金属の材質の違いではないですか？　私には理解できません」

というので、

「本当にそうお思いでしょうか？　あなたがもとから本当にお札もお像も同じだと思っておれば祟りはないでしょう。でも、違うと思うからこそお札では満足せず、お像を祀ったのでしょう。認識が違えば、お働きも扱いも当然違ってきます」

とお答えしました。

このことから私は、龍神さまを祀るにも、いきなりお像や御魂箱《みたまばこ》などを勧請《かんじょう》（お招きして祀ること）しないで、最初はお札にしておくようにお勧めしています。

ちなみに、私のところの信者さんでOさんという方がいますが、Oさんは、弁才天《べんざいてん》のお像をお祀りしたいといってきたのです。龍神さまや聖天さまに限らず、弁才天でも毘沙門天《びしゃもんてん》でも、天部の神々というのは扱いが難しいので、普通お像は一般家庭に祀らないのが大原則ですが、Oさんのたっての希望でお祀りすることになりました。

Oさんは熱心に毎朝、自動車を走らせ、近所の弁天《べんてん》神社の湧水《わきみず》を汲《く》んではお供《そな》えしています。

大したものです。

玄関にお祀りしているので、家の人が線香はちょっといわれるので、代わりにお水にお花を浮かべ、香りのするアロマのロウソクなどを点《とも》してご供養しています。

そうしていると、弁才天が時々夢に出てくる。もちろんこの人は霊能者ではないのですが、何かご不満やまずいことがあると、弁才天の頭上にいらっしゃる宇賀神《うがじん》がいきなり恐ろしい蛇そのものになって、カッと怒るのだそうです。それでOさんはかえっていろいろ教えてもらえるといっていました。

だんだんとですが、ご家族も、弁才天に手を合わせるようになったそうです。

こういった細やかな気配りをせず、いいと聞くとやおら、なんか祭壇《さいだん》セットみたいのを買ってきてドンと置き、「これで龍神を祀ればきっといいことあるだろう」などという人は、得てして、そのうちに榊《さかき》も水すらもあげず、祭壇はほこりをかぶり、供養もしない祀り棄てになる典型です。

これでは、龍神を怒らすためにお祀りしたようなものです。

くれぐれも「神は非礼を受け給わず」という言葉を忘れないようにしたいものです。

☆まほろば

まずは、神社やお寺にお祀りされている龍神さまに、よく会いに行く。お参りに行く。最初はそれが基本です。よく、気学《きがく》の占いなどをやっている方は、吉方位《きちほうい》の方位取りで方々《ほうぼう》の神社に行きますが、そのような人から「今月は方位が悪いので行かれない」という話を聞くことがあります。

しかしながら、信仰する神社仏閣に、方位は関係ありません。

これは方位学などはインチキだなどといっているのではありません。そういうものも大変大事だと思います。現に拙寺では方位の判断や方位除《よ》けもしています。

しかし、信仰に関していえば、そこは「まほろば」、つまり場所自体が力を持つ聖地ですから、方位に関係なく神と向きあえて、浄化されるのです。

もともと「まほろば」とは、美しく優れた場所の意味で、『古事記《こじき》』にある景行天皇《けいこうてんのう》の御歌《おうた》に「倭《やまと》は　国《くに》のまほろば　たたなづく　青垣《あおがき》　山隠《やまごも》れる　倭《やまと》しうるはし」とうたわれるように、土地に対する誉め言葉です。ここにいう「倭」は日本国の古称ではなく、朝廷《ちょうてい》のあった大和《やまと》（奈良）地方のことです。

とりわけ、神社は土地が大事なのです。神社は基本的にそこに神が降臨した神縁《しんえん》浅からぬ場所なのです。

これに対して仏寺の場合は、弁才天や八大龍王、倶利伽羅《くりから》龍王などはもともとインドの神さまで土着の神ではないですから、清らかな場所であるなら特別にここでないといけないということは比較的関係なくお祀りされてきたわけです。

仏寺ではなく神社系の龍神さまならば、余計、会いに行くこと、お参りに行くことが大事です。修験道《しゅげんどう》なども結局、広大な霊山《れいざん》という聖域に入ることなのです。ですから、そのような霊山に行けないにしても、「まほろば」に行くことは大変意味があります。

修験道系の龍神さまも、これに準じます。

このようにして龍神さまとお付き合いしておくと、時々「あいつ、どうしているかな?」と龍神さまは気にしてくれるのです。

だから、祈願のために利用するとかではなく、まず、いわば「友人になっていただく」ことが何よりも大事なのです。

実はこれは、眷属霊や実類の神霊に対する、基本的な態度です。だからそれがなんとなく自然にわかる感覚の人は、お稲荷さまの神社などに行っても、お稲荷さまだけでなくおキツネさんの前にお賽銭《さいせん》をひとつひとつ配っておいたり、手を合わせ話しかけたりしています。

十円玉ひとつ放り込んで、山ほど祈願を述べまくる。御本社《ごほんしゃ》(中心の社)ではそれでもいいでしょうが、彼ら(眷属霊)からは苦笑いされることでしょう。

まして御本社や本堂は丁寧にお参りするが、小祠《しょうし》、摂社《せっしゃ》、末社《まっしゃ》などには目もくれないなどというのは、エライ人にはひたすらへつらうが、周りのものなどおよびでないというような態度で、彼らに嫌われること必定です。

人間社会においてもそういう態度の人がいますが、そういう人は好かれる道理はありません。

私は師匠から、霊場に入ったらどんな小祠であれ、あればよくお参りしておくようにと教えられました。特に祈祷行者《きとうぎょうじゃ》などしていると、どこでどんな神霊が助けてくれないとも限らないからです。

☆龍神さまはあなたのお友だち

「龍神さまを信仰すると何かいいことあるの？」という人もあるでしょう。

それはもちろん、あります。でも、前章などでもいったとおり、龍神信仰とは基本的には自然への感謝ですから、何か得《とく》することを当て込んでするような信仰ではないのです。

「なんだ、つまらない」と思うかもしれませんが、そうした龍神さまへの信仰で養われるのは、本当の豊かな感謝の心です。

豊かな心がなければ、祈願が叶っても、それはどこまでも「欲しい欲しい」の餓鬼道《がきどう》の心です。

そういう心では、たとえ何億円何十億円の金満家《きんまんか》に成ろうとも、幸せは程遠いものです。

礼拝《らいはい》対象が龍神さまであろうがなかろうが、感謝の心があればそこは同じと思うでしょうが、もともとが水への感謝、天候への感謝から生まれた信仰ですから、龍神さまには毒々しい人間的な願い事を、複数、ワンさか押しつけても、端的《たんてき》にいえば無駄なのです。

龍神さまは、そういうことには不慣れです。

龍神さまに願い事をするなら、何か一つにすべきだと思います（これを「一願《いちがん》」といいます）。

また、願い事をするなら、叶ったのか叶ってないのかわからないような抽象的なお願いではなく、叶ったことがはっきりわかるようなお願いのほうがいいでしょう。

そうでないなら、ただ「ご守護ください」で十分です。

願いが叶ったなら、必ず、感謝の気持ちを心の中に留《とど》めず、口に出していいましょう。

「○○を叶えていただき、ありがとうございます」と口に出していうことが大事です。もちろん、祈願の時も、願い事を具体的に口に出すほうがいいのです。

そして一願が叶ったら、次の一願をかけてもいいでしょう。

拙寺（金翅鳥院）では、年に一回、五月に八大龍王の「一願成就祭《いちがんじょうじゅさい》」というのをおこなっています。

この時も、お札《ふだ》を持ち帰っていただき、具体的な願い事を口に出していってください、といっています。願い事は、自分で口に出して祈願するのです。

何よりも大事なことは、龍神さまが好きであることです。

なぜって？　龍神さまはお友だちですから。

お友だちをつくるのに利益を当て込むような人間は、ろくなものではありません。それは本当の友だちではないでしょう。

はっきりとした理由はなくても、むしろ、何とは無しに好きなくらいのほうがいいのです。ですから、前述したとおり、こちらから頻繁に足を運びお参りに行ったほうがいいのです。

仏というのは、いくら親しくしても、ひいき目に見るということはないものです。

『観音経』に、無尽意菩薩《むじんにぼさつ》と八部衆《はちぶしゅ》たちが、百千万両の黄金に匹敵するような素晴らしい宝の瓔珞《ようらく》（首飾り）を観音さまにプレゼントするくだりがあります。

お釈迦さまのすすめで観音さまはそれをいったんは受けとるも、しかし、それを二つに分けて、一つをお釈迦さまに奉納し、もう一つを多宝如来《たほうにょらい》の多宝塔に納められて、ご自分は何も受け取られていません。世間とは異なり、観音さまにとっては、物自体は心を容《い》れる綺麗な箱であり、心こそが中身なのです。

観音さまのような仏・菩薩の考えは、そうなのです。それで満足されます。

もちろん、だからといって感謝をかたちにしないのは、受け取る側でなく感謝する側の問題なのですが、本質的には物をもらうのではなく、その心を受け取るのです。

そして物は、それを生かすところに施《ほどこ》すのが仏・菩薩の心です。

大切なことは、受け取らないことではないのです。受け取るのですが、それが生きるところへ持っていくということです。物によりけりで、自分のところに置くのが一番生きるなら、それでもいいのです。

受け取ってはいけないなどというケチな心とは、まったく違います。

それでは「流れ」が止まってしまいます。流れが止まれば、水でも何でも腐るのみです。受け取れば、そこにそれを生かす道を考えることができます。だからお釈迦さまは観音さまに「遠慮せずにその宝の瓔珞《ようらく》を受け取るがよい」と促《うなが》されたのです。

商売というのも、つまるところはそれです。必要な物を、必要なところに持っていくのです。それが商売が儲《もう》かる原理でしょう。同じことです。本当に儲かるというのは、本当に必要なものを提供しているということです。

しかし、龍神のような神霊には、我々と同じように欲もあり、喜怒哀楽もありますから、お酒やお菓子を供《そな》えたりすれば、それを喜ばれます。心尽《こころづ》くしをすれば感動もします。

これはあまり品《ひん》のいい話でないのですが、『日本霊異記《にほんりょういき》』の中に次のような話があります。

ある在家の修行者が弟子とともに住んでいました。彼は自分が祀っている吉祥天《きっしょうてん》のような女性にあこがれて、日夜そういう女性と出会えるように密《ひそ》かに祈願する毎日でした。するとある晩、行者が夢の中で吉祥天自らと男女の契《ちぎ》りを結ぶ夢を見たそうです。起きたら、なんと尊像に精液がついて汚れていたので「さては畏《おそ》れ多くも吉祥天自ら、我が求めに応じられたのか？」と大いに驚き恥じ入ったという話があります。

このことがあってから、行者の弟子は師匠を侮蔑《ぶべつ》して、人にそれを話してしまったので、行者の怒りを買い、弟子は追い出されましたが、追い出された腹いせにますますそれをいいたてました。世間に話は広まり、ついに行者自らが、事《こと》の次第を人々に説明したそうです。

まあ、こういうことは説話《せつわ》（伝承されている物語）の域《いき》を出ない話でしょうが、いわんとするのは天部や神霊には我々に似た感情があるということでしょう。

どこの世界にも神々の神話があり、神さまたちは戦争もすれば、恋愛もする。焼きもちだって焼くのです。

『旧約聖書』にだって、「私は嫉妬《しっと》深い神である」と、神ご自身がいっているくらいです。

そうでないのは悟りに至った仏さまたちのみです。たとえばお不動さま観音さまやお地蔵さまには、いくら憧《あこが》れたって、出てきて恋愛の相手になってくれることはないのです。

慈悲の権化《ごんげ》である仏・菩薩に感情がないわけはないですが、不必要な煩悩《ぼんのう》を滅することができるのは、すでに悟りを開いている仏・菩薩ならではです。

それでも親鸞聖人《しんらんしょうにん》（一一七三～一二六三）などは、六角堂《ろっかくどう》の如意輪観音《にょいりんかんのん》から、「もし宿業《しゅくごう》によって汝《なんじ》が将来女人《にょにん》と交わることがあろうとも、それはわが化身の玉女《ぎょくにょ》であるぞよ」というお告げをいただいたといいます。

ちなみに多くの仏教学者は一般にここでいう「玉女」とは玉のように美しい女性と解釈しているようですが、私が思うにこの時代の「玉女」というのは、おそらくはそんな意味ではありません。「玉女」は「ダキニ天」という、恐ろしくも美しい夜叉神《やしゃしん》の部類なのです。

でも、ここでいう「玉女」はあくまで観音さまの化身であり、観音さま自身ではありません。だから、この話は観音さまの救済の御業《みわざ》の話であって、観音さまが親鸞聖人に恋をする話ではないのです。

龍神さまは私たち人間とはまったく違う種族ですから、人間に恋愛感情を抱くことなどはないでしょうが、でも、好き嫌いはあります。つまり、我々同様の心があります。

より我々人間に近い夜叉などの種族は、人間に特別な好意を寄せることがあるので、それを受け入れてはならないと、密教のある儀軌《ぎき》（修行の具体的なやり方が書かれてあるお経）は注意を促《うなが》しています。

龍神さまとはお友だちですから、一方的にわがままな願い事をするのみではなく、もちつ、もたれつで、やっていかないといけない。そこが大切です。

☆守護神とは何か

「霊能者に龍神を守護神としてつけていただくと、運が強くなると聞きました。そういうことはできるのでしょうか？」という質問をされたことがあります。

そのようなことをしている霊能者さんがいるのでしょうか。

面白い商売もあったものです。

確かに現代では、お金さえ払えば大概《たいがい》のものが買えますから、神さまも買えると思うのでしょうか？

でも、仏教系の龍神さまなら、必ず「四弘誓願《しぐせいがん》」もしくは「五大願《ごだいがん》」を立てておられます。

その第一に、「衆生無辺誓願度《しゅじょうむへんせいがんど》」（衆生は無辺なり、誓って度《すく》わんことを願う）というのがあります。

つまり、だれであれ衆生（生きとし生けるもの）は、皆、救うのだと誓っているのです。

龍神さまは、前述したとおり「自然霊」であり、気性の激しいところもありますが、仏教系の龍神さまは、このような誓願を立てているのが特徴です。

さて、神仏の誓願には、「総願《そうがん》」といってすべての神仏に共通のものと、「別願《べちがん》」といってその神仏だけの誓願とがあります。

「衆生無辺誓願度」というのは「総願」であり、仏教系の龍神さまたちも、この誓願を大切にしているはずです。

霊能者にお金を払った人だけを救う、などとはいっていません。

そのような霊能者にお頼みしたりしないで、自分で直接、龍神さまに、「守護神になってください」と頼んではどうしょうか？

龍神さまとコンタクトを取るには一々霊能者に頼む以外に手段がなく、直接頼んでも声すらも届かないような存在だとすれば、そのような存在に守護神になってもらっても、果たして意味があるのでしょうか。

私は、守護神が欲しいという方がいたら、「本当に守護神が欲しいなら、神さまを口説き落としてみたら？」といっています。

ただし、自分の欲望だけで神さまについてきてほしいといっても、そういう考えについてくるのは、物ほしい邪霊の類でしかありません。

守護神が守るのは、その人が良くなれば、周囲も同じく良くなる。

つまり、その人を助けるだけでほかの人も利益《りやく》できるというような願《がん》を立てた、志《こころざし》ある人のみです。

だから、守護神に来てほしいなら、「私はこれこれこういうことをして世の中のためになりたいのです。ぜひお力をお貸しください」といわねばなりません。

ただ自分の利益のみをいいたてる人には、神さまは「お前などにはかまっておれぬ」といわれるでしょう。

ただ、いくら志が高くても、その神さまによって役割が決まっていますから、断られることもあります。昔、日本天台宗《てんだいしゅう》を開いた伝教大師《でんぎょうだいし》最澄上人《さいちょうしょうにん》は、比叡山《ひえいざん》の守護神として、吉野山《よしのやま》にいる子守明神《こもりみょうじん》と勝手明神《かってみょうじん》という二柱の神さまを勧請しようとしました。

しかし、どちらの神さまからも「私たちは弥勒菩薩《みろくぼさつ》が下生《げしょう》するまで、ここ吉野の金峯山《きんぷせん》を守る約束ですから……」と断られました。金峯山には「金《かね》の御嶽《みたけ》」の異名があり、弥勒菩薩に捧げる黄金が秘められた山とされていたのです。

彼らはそれを守る役目があるのです。

それで、大和《やまと》の三輪明神《みわみょうじん》にお願いして来ていただき、天台宗の守護神・山王大宮権現《さんのうおおみやごんげん》としてお祀りするようになったのです。

ですから、心が純粋で公益性《こうえきせい》さえあれば、頼めば必ず来てもらえる、というわけでもないのです。

ましてや、いくらお金を払おうが、自分一人の欲願《よくがん》のためにその人の守護神についてくれる神さまなどはいないと知るべきです。

☆龍神さまのお祀《まつ》りの仕方《しかた》

ここでは、自宅での龍神さまのお祀りの仕方を紹介しましょう。

なお、前述したとおり、龍神さまのお像を一般家庭で祀るのはとても難しいので、ここではお像ではなく「お札《ふだ》」を祀ることを前提として、話を進めていきます。

さて、一口に龍神さまといっても、神道《しんとう》系、仏教系、いろいろな龍神さまがいらっしゃいます。

簡単にいえば、神道系の龍神さまなら、神棚《かみだな》で神道式でお祀りすればいいでしょう。

仏教系の龍神さまも、神棚にお祀りしてもいいし、ご先祖さま用の仏壇とは別の祭壇《さいだん》を用意して祀ってもいいでしょう。なお仏教系の龍神さまには、お線香などをあげて供養します。

神道式にしても仏教式にしても、そんなに難しいことはありません。お供物《くもつ》は、お酒、果物、赤飯などでいいですし、神道式ならこれらに加えて洗米《せんまい》や塩を用意してもいいでしょう。

また、神道は「不殺生戒《ふせっしょうかい》」というのを敢《あ》えていいませんので、お魚ぐらいはあげていいと思います。

神仏習合《しんぶつしゅうごう》時代も、魚介類や、時にはキジなどの鳥類もあげていたようです。

魚は刺身などにせず、そのままあげます。その場合は、川魚は神前《しんぜん》に背を向け、海の魚は腹を向けて供《そな》えます。これを俗に「かわのせ、うなばら」（川の瀬、海原）といいます。覚えておくといいでしょう。

仏寺でも、海岸地方にあって大漁を祈るために龍神を祀るところなどでは、よくお魚を祭壇にあげています。龍神さまのおかげでこんなにお魚が獲《と》れましたという感謝の意味です。

ちなみに私の師匠は、「地鎮祭《じちんさい》」では、「剣先《けんさき》するめ」をよくあげていました。

これは、不動明王《ふどうみょうおう》の魔を払う「倶利伽羅剣《くりからけん》」（倶利伽羅龍王が巻きついている剣）の形に似ているからだと教えられました。

さて、龍の絵を見ますと、よく、手に玉を持っていますね。

あれは仏教的に解釈しますと、「如意宝珠《にょいほうじゅ》」というものです。なんでも生み出す宝の玉ですが、もともとはお釈迦さまのご遺骨《いこつ》である「お舎利《しゃり》」を模したものです。

原始仏教教団では、お釈迦さまが生きていらしたころは、別に本尊というのはありませんでしたが、お釈迦さまが亡くなったら、そのお徳を慕《した》って、ご遺骨が崇《あが》められました。

これが「お舎利」です。部派《ぶは》仏教では本尊というか、もっとも崇敬《すうけい》するのはお舎利ですね。大乗《だいじょう》仏典の『法華経《ほけきょう》』にも、「衆生《しゅじょう》は我、滅度《めつど》するとみて、広く舎利を供養し」とあるとおりです。でも『法華経』は、お釈迦さまは、滅度（亡くなること）するように見えるけど、真実には滅度するわけではない、といいます。

同じく大乗仏典の『金光明最勝王経《こんこうみょうさいしょうおうきょう》』にも、いよいよお釈迦さまが亡くなると聞いた仏弟子・憍陳如婆羅門《きょうじんにょばらもん》が、せめてお舎利の一粒なりとも頂《いただ》いて供養したいと願うと、利車毘童子《りしゃびどうじ》に「あなたのいう舎利などというものは真実には存在しない」といわれて一蹴《いっしゅう》される場面があります。

つまり、これらの大乗仏典からは、部派仏教でお釈迦さまの「真骨《しんこつ》」（歴史上のお釈迦さまのご遺骨）というものに絶対の価値を置いてきたのが否定され、ブッダの本当の体は宇宙と一つであり、それゆえお釈迦さまはいなくならないのだという、「法身仏《ほっしんぶつ》」の思想がみえてきます。

憍陳如婆羅門は阿若憍陳如《あにゃきょうじんにょ》（アジュニャ・カウンディンヤ）ともいって、五丘比《ごびく》の一人、つまりお釈迦さまが尼連禅河《にれんぜんが》で「成道《じょうどう》」（悟りを得てブッダになること）して最初の説法をした時に、それを聞いて悟りを開き「預流果《よるか》」を得て聖者の列に加わった弟子の一人といいます。

原始仏教時代には大いに活躍した人です。これに対して利車毘童子はネパールの大変ふるい王家リッチャヴィ族を代表する存在です。

ここでは、形にとらわれた舎利信仰が否定されているわけです。

当初、八大仏塔《はちだいぶっとう》といって、お釈迦さまの真骨は八つに分けられてインドの各地に祀られたといいます。

でも、さらに分骨《ぶんこつ》がおこなわれ、ついにはインドを出て外国であるタイやミャンマーにも真骨が行き渡り、真骨を納める仏塔（ストゥーパ）も建てられました。

なお、仏塔は日本にもあります。日本の大きなお寺にある、五重塔《ごじゅうのとう》や三重塔《さんじゅうのとう》。あれが仏塔なのです。ただし、日本にある仏塔のほとんどは、お釈迦さまの真骨を祀るというものではありません。そんなにお釈迦さまの骨の量があるわけないですから、当然ですよね。代わりに瑪瑙《めのう》などの鉱物が海岸で波によって丸く削られた粒を、舎利に見立てて祀ることが多いようです。これを納める容器が「舎利塔」で、大きなものは仏塔そのもの、小さなものは携行《けいこう》できるサイズのものまであります。

日本における舎利信仰は、宝の玉である如意宝珠への信仰と一つです。

とりわけ真言密教では、お舎利を内側に納めてつくった如意宝珠状の「能作生《のうさしょう》」というものが作成されました。

お舎利と如意宝珠についての話が、少し長くなってしまいましたね。

ともかく、龍神さまは如意宝珠を慕《した》う存在といわれていますから、自宅に龍神さまを祀る時は、水晶やその他のパワーストーンなどでつくった宝珠を、如意宝珠に見立てて、祭壇にお供《そな》えしておくのもいいかもしれません。

なお、龍神さまは水の神さまですから、必ず毎朝、一杯の清水をお供えすることを、何よりも忘れないでください。

☆龍神さまへの朝夕のお勤《つと》めについて

さて、龍神さまへの、朝夕のお勤め（勤行《ごんぎょう》）については、仏教徒なら『般若心経《はんにゃしんぎょう》』を読誦《どくじゅ》すればいいと、私は考えます。

『般若心経』を読誦する前にさらに読み上げると良いとされる「般若心経奉賛文《ほうさんもん》」というのがあります。次のようなものです。

「そもそも般若心経と申し奉《たてまつ》る御経《おんきょう》は、釈迦御一代《ごいちだい》の御経、華厳経《けごんぎょう》、阿含経《あごんぎょう》、方等《ほうどう》、般若、法華経《ほけきょう》、涅槃経《ねはんぎょう》等、八万四千四十余巻の内《うち》より選び出《い》だされたる御経なれば、文字の数は二百六十余文字なれど、神前《しんぜん》にては宝《たから》の御経、仏前《ぶつぜん》にては花《はな》の御経、まして人間の家の為《ため》には祈念祈祷《きねんきとう》の御経なれば声高々《こえたかだか》に読み上ぐれば、上《かみ》は梵天《ぼんてん》、帝釈《たいしゃく》、四大天王《しだいてんのう》、下《しも》は堅牢地《けんろうじ》神《じん》に至るまで感応納受《かんのうのうじゅ》ましますこと疑いなし。謹《つつし》んで読誦し奉る」（一部を現代風の表記に修正したものを紹介しました）

この「奉賛文」に「（『般若心経』は）神前にては宝の御経」といわれているように、古来、『般若心経』は、神祇《じんぎ》（日本の神道の神々）に対して、好んであげられてきました。

なお、『般若心経』を読誦しない日蓮宗《にちれんしゅう》信徒の方なら、『法華経』の読誦やお題目《だいもく》（南無《なむ》妙法《みょうほう》蓮華経《れんげきょう》）のお唱えでいいと思います。

仏教のお経でいい理由。それは当たり前ながら、私自身が仏教徒ですので、仏教徒の立場で申し上げています。

でも、もちろん、祝詞《のりと》ではいけないということではありません。祝詞をあげるのは、とても良いことです。

しかるに私は仏教徒ですので、仏教者の立場から、神社でもどこでも、私はお経や真言をあげています。

たとえキリスト教でお葬式をした方のお墓でも、私がお参りする時はそうします。まだ、よばれたことはないですが、よばれれば、たとえキリスト教のお葬式でも袈裟《けさ》に数珠《じゅず》のいでたちでお参りします。

なぜなら私たちは仏教徒であり、相手によって信仰を変えてにわかに異教徒の真似《まね》をしたりする必要などまったくないからです。

それは失礼だという人は、宗教というものを知らぬ人間です。

そのような物いいのほうが、はるかに失礼です。

逆に考えれば、クリスチャンの方が仏式の葬儀に行くにしても、数珠も焼香《しょうこう》もいらないというのが正しいのです。仏教を信仰してはいないのですから、仏教徒の真似などしても無意味です。

なお、仏教徒云々《うんぬん》をさておいても、龍神さまのお札《ふだ》を歴史のある神社で拝受《はいじゅ》されたのなら、そのお札に対して仏教のお経を読誦《どくじゅ》するというやり方は、何も問題ないと私は思います。

なぜなら、神仏習合《しんぶつしゅうごう》時代は、神社であってもお経が読誦されるのが当たり前で、ずっとお経を聞いていたのに間違いないので、龍神さまはむしろ懐《なつ》かしくさえ思われるかもしれません。

もちろん、現代の神道の考えから、お経の読誦を嫌う神社もあるでしょうから、社殿《しゃでん》で声もあらわにお経や真言をあげることは、場所によっては遠慮すべきかもしれません。

でも、自宅で任意にお札にお経をあげるかぎり、誰にも迷惑がかかるわけではなく、これは自由だと思います。

ともかく、私は仏教徒としてこの本を書いておりますので、あなたがもし仏教徒なら「神社のお札に向かって、仏教のお経をあげてよい」と、一応そう書かせていただきます。

もちろん、信じる宗教がもともと神道の方や、せっかく神社で拝受したのだから一貫して現代の神道式のかたちになさりたいというご意向なら、それも結構だと思います。

神道もまたきわめて素晴らしい宗教ですが、僧侶の私が神道のことをここであれこれ解説がましいことをいうのもおかしいので、今回はこの程度にしておきます。

神道式での拝み方については、お札を拝受した神社にお伺《うかが》いして、指導を乞《こ》うのがいいでしょう。

くり返しになりますが、神道の神さまにもお経をあげてもいいのだという理由は、かつて神仏習合時代には、どこの神社でもおおかたそうしていたからです。

とはいえ、私は神道式に祝詞《のりと》を上げることも柏手《かしわで》を打つことも、何の抵抗もありません。

もともと歴史的に仏教と神道は、肩を並べて仲良く歩んできたからです。これは一神教《いっしんきょう》の世界では考えられないでしょう。

それが神道と仏教とが分離された理由は、明治政府が欧米に野蛮《やばん》な国と思われないように、多《た》神教《しんきょう》を廃止して、キリスト教を真似て一神教化しようという愚かな目論見《もくろみ》をしたためです。

最終的には国家神道《こっかしんとう》的な「三条の教則《きょうそく》」というのをつくり、すべての宗教を同化してアマテラスオオミカミに一元化《いちげんか》する計画でした。

この「三条の教則」というのは、神道の教えなどではまったくありません。宗教ですらなく、愚かな明治政府の政策にすぎません。

今の中国が、いろいろな宗教の教えを、共産主義を肯定し賛美するために曲解《きょっかい》して利用しているのと同じことです。

幸い、本願寺《ほんがんじ》や出雲《いずも》大社などの反発によって、この「三条の教則」の最終段階は失敗しましたが、成功していれば中国の文化大革命のような、取り返しのつかないことになっていたはずです。

「明治維新《いしん》」というと薩摩《さつま》や長州《ちょうしゅう》、土佐《とさ》の藩士《はんし》ら維新側《がわ》の人たちが、ひとえに素晴らしいことをしたようにばかりいう人もいますが、維新後は文明開化《ぶんめいかいか》の名のもとに、このように極めて愚かなこともおこなわれたのだと知るべきです。歴史には、良い面ばかりのこともなければ、悪い面ばかりのこともありません。

※龍神さまへのお勤《つと》め（勤行《ごんぎょう》）の仕方《しかた》については、本書巻末の「付録②　龍神さまの簡単な拝み方」も参照してください。

第八章

龍《りゅう》神《じん》信仰について質疑応答

この第八章では、龍神信仰における「よくある質問」を集め、私なりの答えを述べてみました。

☆動物霊だからダメなのか

龍神さまは動物霊だから祀《まつ》るのは良くないと聞いたことがあるのですが、そうなのでしょうか？

動物だから拝《おが》むに値《あたい》しないというのは、人間くらい偉いものはないという西洋の発想です。キリスト教ではすべては人間の下にあって支配されるべきものであると考えています。

これに対して日本人は古来、山や樹木、岩石や鳥獣にも神性を見出してきました。たとえば天《てん》台宗《だいしゅう》の教えでは「十界互具《じっかいごぐ》」といって、動物にも仏や菩薩の位《くらい》もあれば、仏にも動物の心があると考えます。動物にも優れたところはあり、仏性《ぶっしょう》もあるので成仏することができるのです。

すべてに仏性があります。ましてや神は神です。仏教的にいえば、姿が人間に似ていなくても、拝んではいけない理由など何ひとつありません。

☆祀る場所について

神道《しんとう》の龍神さまのお札《ふだ》をお祀りしています。場所が狭いので仏壇《ぶつだん》にお祀りしているのですが、いけないでしょうか？

仏壇はご先祖さまを供養《くよう》する場所です。祈願の場である神棚《かみだな》とは異なります。神棚に移したほうがいいでしょう。神棚がないなら、綺麗な机や箪笥《たんす》の上にお祀りしてもいいと思います。仏寺で頂《いただ》いた龍神さまのお札でも、仏壇にお祀りするのは良くありません。祈願と先祖供養では目的が違います。

☆霊的な現象について

最近、自宅に祀っている龍神さまにお祈りしている時に、蝋燭《ろうそく》が垂れて蛇腹《じゃばら》のように流れたり、龍頭《りゅうとう》のような形になります。何か良くない知らせですか？

これは私だけの考えですが、龍神さまの働きが活発になると、そのようなことが起きるように思います。

他にも金粉のようなものがついたりすることもあります。これらは龍神さまのご挨拶《あいさつ》のようなもので、一種の霊的物理現象ですが、基本的に、そういうことが起きたからといって改めて何がどうということはありません。あまり気にしないで信仰をつづけてください。

また、そのようなことを誰かれなくしゃべるのは、結果として龍神さまの威徳《いとく》を損《そこ》なうことにもなりかねません。人の受け取り方はそれぞれですので、そのようなことは基本的に誰かれなく語らぬよう慎《つつし》むことが大事です。

☆あちこちの龍神さまにお参りしてよいか

龍神さまに興味があり、旅行に行くたびに、その土地の龍神さまに関係するいろいろな神社をお参りしています。お札《ふだ》もお守りもたくさんになってしまいました。こういうことはいけないでしょうか？

別にお参り自体は良いことと思いますが、やたら願掛《がんか》けしたり、無暗《むやみ》にお札を受けてきて、あとがいい加減になるのは感心しません。古いお札やお守りは年末にでもお焚《た》き上げして、本当に信仰していけるものを再考したほうがいいでしょう。

☆神社の土を持ち帰ったのだが……

吉方《きっぽう》の方位取りで龍神さまの神社から土をとってきましたが、最近いいことがありません。どうしてでしょうか？

土の採集と因果関係があるかどうかはその話だけではわかりませんが、本来、神社仏閣からは土一握りといえども黙って持ってきてはなりません。基本的に神社仏閣はものを奉納《ほうのう》しに持っていくところで、ものを持って帰るところではないからです。

まず、土にしても持ち帰ってよいかどうかは、社務所《しゃむしょ》などに聞いてください。お水は大丈夫だと思います。また、その際は少額でもお札を用意すべきです。霊場《れいじょう》によってはあらかじめ持ち帰り用の砂などを用意しているところもあります。

☆龍神さまを会社に祀りたい

龍神さまは財運に強いと聞きました。会社のためにお祀りしたいのですが、さしあたり注意すべきことがありますか?

龍神が財運に強いのは、「如意宝珠《にょいほうじゅ》」と深く関係するからです。如意宝珠は密教の「宝部《ほうぶ》」の象徴です。

会社でお祀りする場合は、景気に関係なく、怠《おこた》らずに奉祀することが大事です。景気というものは一種の生き物で、悪くなったり良くなったりします。

雨の日も風の日も、そして晴れの日も、龍神さまと一緒。龍神さまは景気を良くする機械や装置のようなものではないという心構えが何よりも大事です。

☆縁結《えんむす》びのご利益《りやく》について

龍神さまには、縁結びのご利益はありますか？

もちろん、そういう龍神さまもいるでしょう。

しかし、参考までにいえば、縁結びの祈願自体はそう古いものではないのです。なぜなら封建《ほうけん》時代は、縁談は家や親などによって決められたケースが多かったからです。

お祈りするなら、とりわけご夫婦の龍神さまがペアで祀られている霊場などは、縁結びにいいかもしれませんね。

なお、弁天さまにカップルでお参りすると弁天さまが嫉妬して別れさせるので、カップルでお参りしてはいけない……などと俗にいわれますが、あれはもちろん迷信です。

恋人同士でもご夫婦でも、どんどんお参りしてください。

☆龍神さまの好物について

龍神さまの好物はなんでしょうか？

龍神さまにもよると思いますが、お酒はよくお供《そな》えしますね。甘酒もいいでしょう。長野の戸《と》隠山《がくしやま》の九頭龍権現《くずりゅうごんげん》などでは、梨をあげると良いとされてきました。卵をあげる人もありますね。卵については、いけないとまではいいませんが、仏教では卵は「なまぐさもの」ですから、本当をいえばあげないことになっています。神道系はかまわないと思います。

☆龍の置物《おきもの》を信仰対象にして良いか

玄関に龍の「干支《えと》置物」があり、何となく気に入って、最近はお水などをあげて柏手《かしわで》を打っています。良くないことでしょうか？

龍の置物に敬意を持つこと自体は、別段、問題ないと思います。

でも、本格的に「祀る」のなら、自分の都合で再び置物扱いしたりすることはしてはいけません。その意味でも、本当に祀るなら、神社で入魂《にゅうこん》の祈願をしてもらったり、お寺で開眼供養《かいげんくよう》をしてもらったほうがいいかもしれません。

ただし、本書の中で何度もいっているように、一般家庭ではお像を祀るのはなかなか難しく、お像ではなくお札を祀るほうがいいとされています。そのことを念頭に置いたうえでお考えください。

☆龍は金属が嫌いなのか

龍は金属を嫌い、池に金物を投げ入れると、龍が怒って雨が降るのだという地元の言い伝えを聞きました。なぜ龍は金属が嫌いなのですか？　また、龍神さまの祭具《さいぐ》は金属製を避けるべきでしょうか？

これは陰陽《いんよう》五行《ごぎょう》思想で龍は木気《もくき》にあたり、金属は木気を克害《こくがい》する。つまり金気《きんき》である刃は樹木を切るのでこれを嫌うということです。

ただし、これは陰陽五行思想の話であり、神霊としての龍には関係ありません。

☆龍と風水《ふうすい》について

家宅風水を研究している者です。風水では、龍には置き場所があるとします。神棚がふさわしくない場所にあるのですが、そこに祀って大丈夫でしょうか？

信仰対象としての龍神は風水グッズではないので、そこは分けて考えるべきでしょう。もっとも、風水的に神を祀るのに良い場所があれば、そこに祀ることができればベストとは思います。しかし、風水的に良くないところに祀るとしても、むしろその良くないことの「抑《おさ》え」として奉安《ほうあん》し祈願すればいいと思います。

☆戌年《いぬどし》生まれは龍と相性が良くないのか

私は戌年生まれなので、「向かい干支《えと》」の十二支の辰《たつ》とは、相性が良くないといわれます。そんな私は、龍神さまを祀るべきではないのでしょうか？

これも前の質問と同じく、占術でいう「辰」は必ずしも龍神そのものではありません。占いは占いとして、分けて考えてください。そうした概念に縛られすぎて心配するのは杞憂《きゆう》です。

☆天候と龍神さまについて

天候と龍神さまは、関係ありますか？

個人的に考えれば、それは大いにあると思います。龍のような形の雲や虹は、龍神さまの象徴です。これは別段、根拠のないことではありますが、私の経験上、龍神さまにお参りに行くのは、よく晴れた日のほうがいいと思います。また雨が降ったとしても、その雨が上がって虹が出たら、ベストです。

曇《くも》っていても、拝んでいる間だけ雲間《くもま》から太陽がさすこともあります。

まあ、これらは仏教・神道の教えにあるのではなく、私なりの一種のゲン担《かつ》ぎに過ぎないのですが。

☆西洋のドラゴンについて

西洋のドラゴンは、龍神の一種ですか？

もともとは西洋で自然神として信仰されていたものもあるでしょうが、キリスト教の影響で、西洋ではドラゴンには概《おおむ》ね良いイメージはないようです。そのよって立つ信仰も、今はもう疾《と》うの昔に消滅して存在しないようです。

わが国で信仰されている龍神さまとは、別のものとして考えたほうがいいでしょう。

☆龍神さまの祟《たた》りについて

龍神さまの祟りは恐いといいますが、どんな時に起こりますか？

普通、龍神さまと関係なく生きている私たちが龍神さまを怒らせて罰を受けることは、あまり考えられません。ただ、古来、無暗に大木を切る、泉を埋める、山を崩すなどの自然に大きく影響することをすると、そこに住む龍神から咎《とが》めを受けることがあります。

昔はそういう時は神官《しんかん》や僧侶を招いて、あらかじめお断りのご祈祷《きとう》を厳修《ごんしゅ》したものです。

☆龍を使役《しえき》できるか

龍を使役する秘法というのはあるのでしょうか？　それは習ってできることですか？

「請雨経法《しょううきょうほう》」や「水天供《すいてんく》」などでは、本尊の眷属《けんぞく》として龍を招請《しょうせい》する、というのはあります。

昔は、それらをおこなう際、さらに陰陽師《おんみょうじ》が「五龍祭《ごりゅうさい》」というのを助法《じょほう》として並行しておこないました。今でも地鎮祭《じちんさい》で五龍をお祀りするやり方も存在しますが、いずれも祈願して動いてもらうのであり、部下に命令するというような態度ですることではありません。

強制的に龍を動員するというのは「孔雀明王法《くじゃくみょうおうほう》」や迦楼羅天《かるらてん》による「止風雨陀羅尼経法《しふううだらにきょうほう》」くらいですが、いずれも天候を操作するほどの祈祷ですから、古来、どれも時の政府の要請で相当の高僧がおこなう修法《しゅほう》であり、到底、一般の方の手におえるものではありません。

☆インドのナーガについて

いわゆる龍神と、インドのナーガ神である八大龍王《はちだいりゅうおう》のようなものは、違うという人もいます。龍神は大変位《くらい》の高い存在で、龍を支配する人間のお姿の神さまであり、ナーガ神はいわゆる蛇の霊だというのですが、そうなのでしょうか？


そこは概念の違いでしょう。いかなる存在を龍神と考えるかで、異なることです。それを定義せず論議しても始まりません。

ただし今回、本書で、私は、水の精霊やナーガのような自然霊のことを中心にお話しました。

これらは仏教でいう天部というグループに属します。

それ以外の龍神さまについては、私は何も存じません。

付録①
全国・龍《りゅう》神《じん》さまの霊《れい》場《じょう》一覧

日本各地の主な龍神さまの霊場（神社仏閣）を、おおまかに紹介します。

なお注意点として、歴史的に龍神さまと関係の深い霊場を挙げましたが、現在は龍神信仰があまりおこなわれていないというところも含まれています。また寺社によっては普段は無住《むじゅう》のところもあります。ご了承ください。

参拝やご祈祷《きとう》、祭祀《さいし》の心得については、直《じか》に各寺社にお尋ねになり、指示に従ってください。

【寺院の龍神霊場】

所在地	宗派	寺院名	龍神信仰
山形県鶴岡市	曹洞宗	善宝寺	戒道龍女と龍道龍王を祀る
栃木県日光市	天台宗	輪王寺	神橋前の深沙大王祠
千葉県鴨川市	日蓮宗	小湊誕生寺	八大龍王堂
千葉県市川市	日蓮宗	中山法華経寺	龍王池に八大龍王堂
千葉県成田市	真言宗智山派	成田山新勝寺	境内に清瀧権現堂

東京都台東区	天台宗	不忍池弁天堂	宇賀神信仰
東京都台東区	聖観音宗	浅草寺	境内に金龍大権現、九頭龍大権現
東京都目黒区	天台宗	目黒不動尊瀧泉寺	水行場に青龍権現を祀る
東京都調布市	天台宗	深大寺	深沙大王堂
東京都八王子市	真言宗智山派	高尾山薬王院	蛇滝に青龍権現を祀る
神奈川県川崎市	真言宗智山派	川崎大師平間寺	境内に清瀧権現社
神奈川県藤沢市	日蓮宗	龍口寺	七面大明神堂
石川県金沢市	天台真盛宗	来教寺	金毘羅大権現を祀る
石川県河北郡	高野山真言宗	倶利迦羅不動寺	倶利迦羅不動信仰の霊場
山梨県南巨摩郡	日蓮宗	七面山敬慎院	七面大明神信仰のはじまりの地
静岡県浜松市	高野山真言宗	岩水寺	龍神伝説の寺
三重県伊勢市	臨済宗南禅寺派	金剛證寺	八大龍王の霊場
滋賀県大津市	東寺真言宗	石山寺	八大龍王社
滋賀県大津市	天台宗	比叡山無動寺弁天堂	宇賀神信仰
滋賀県長浜市	真言宗豊山派	宝厳寺	竹生島弁才天を祀る
京都府京都市	東寺真言宗	神泉苑	善女龍王社
京都府京都市	真言宗醍醐派	醍醐寺	清瀧権現宮本殿

京都府京都市	高野山真言宗	高雄山神護寺	清瀧権現を祀る
大阪府泉佐野市	真言宗犬鳴派	七宝瀧寺	秘仏・倶利伽羅大龍不動明王
大阪府東大阪市	金峯山修験本宗	天龍院	長尾の滝の八大龍王
大阪府東大阪市	釈王宗	龍光寺	生駒山上の八大龍王
奈良県生駒郡	信貴山真言宗	信貴山朝護孫子寺	空鉢護法堂
奈良県吉野郡	金峯山修験本宗	脳天大神龍王院	脳天大神を祀る
奈良県吉野郡	真言宗醍醐派	龍泉寺	八大龍王講社
岡山県岡山市	日蓮宗	最上稲荷山妙教寺	八大龍王信仰
広島県廿日市市	高野山真言宗	大願寺	厳島弁才天を祀る
徳島県三好市	真言宗御室派	箸蔵寺	金毘羅大権現奥の院
熊本県阿蘇市	天台宗	西巌殿寺	阿蘇大明神奥の院
熊本県玉名市	真言律宗	蓮華院誕生寺	龍になった皇円大菩薩を祀る

【神社の龍神霊場】

所在地	神社名	龍神信仰
北海道小樽市	龍宮神社	綿津見三神を祀る
北海道札幌市	白石神社	摂社に白石竜宮神社

青森県十和田市	十和田神社	旧　十和田山青龍大権現
青森県平川市	猿賀神社	旧　猿賀深沙大権現
宮城県石巻市	金華山黄金山神社	龍神信仰
茨城県鹿島市	靇神社（鹿島神宮摂社）	高靇神、闇靇神
栃木県日光市	瀧尾神社	旧　瀧尾権現
埼玉県秩父市	秩父今宮神社	八大龍王
千葉県船橋市	龍神社	大綿津見神、娑伽羅龍王
東京都品川区	品川神社	龍神信仰
東京都中央区	住吉神社	摂社に龍神社、龍王弁財天
東京都西東京市	田無神社	尉殿大権現、五大龍王
神奈川県鎌倉市	龍口明神社	五頭龍大神
神奈川県藤沢市	江島神社	弁才天信仰
神奈川県足柄下郡	箱根神社	九頭龍大神
新潟県新潟市	白龍大権現	白龍大権現
新潟県刈羽郡	黒姫鵜川神社	罔象女命、黒姫神
石川県白山市	白山比咩神社	旧　白山妙理権現
長野県諏訪市	諏訪大社	諏訪の龍神信仰

長野県長野市	戸隠神社	奥社に九頭龍神を祀る
静岡県菊川市	大頭龍神社	大物主大神
愛知県名古屋市	白龍神社	高龗神
三重県三重郡	御在所岳八大龍王神社	八大龍王
滋賀県近江八幡市	藤ヶ崎龍神	金龍などを祀る
滋賀県長浜市	都久夫須麻神社	弁才天、宇賀福神などを祀る
京都府京都市	貴船神社	高龗神・闇龗神
京都府京都市	九頭竜大社	九頭竜弁財天大神
京都府宮津市	天橋立神社	橋立明神、八大龍王
大阪府大阪市	住吉大社	龍宮信仰
大阪府岸和田市	高龗神社	葛城山八大龍王
奈良県宇陀市	室生龍穴神社	高龗神・闇龗神、旧 善如龍王
奈良県桜井市	大神神社	三輪明神
奈良県吉野郡	天河大弁財天社	弁才天信仰
奈良県吉野郡	丹生川上神社下社	高龗神・闇龗神
和歌山県田辺市	熊野本宮大社	日本第一大龍権現
和歌山県東牟婁郡	飛瀧神社	那智の滝、旧 飛瀧権現

島根県出雲市	出雲大社	龍蛇神信仰
島根県松江市	佐太神社	龍蛇神信仰
広島県廿日市市	厳島神社	龍神信仰、弁才天信仰
香川県仲多度郡	金刀比羅宮	海神信仰
愛媛県西条市	石鎚神社中宮成就社	境内に八大龍王社
福岡県太宰府市	宝満宮竈門神社	旧　宝満大菩薩、玉依姫命
福岡県宗像市	宗像大社	宗像三神
宮崎県宮崎市	青島神社	海神信仰、弁才天信仰
宮崎県西臼杵郡	八大龍王水神社	八大龍王
宮崎県西臼杵郡	八大之宮	八大龍王
沖縄県那覇市	波上宮	熊野信仰
沖縄県南城市	斎場御嶽	ニライカナイ信仰

※実際には、まだまだたくさんの龍神さまの霊場がありますが、主だった寺社を紹介させていただきました。

付録②

龍《りゅう》神《じん》さまの簡単な拝《おが》み方

龍神さまの簡単な拝み方を紹介します。朝夕のお勤《つと》め（勤行《ごんぎょう》）の参考にしてください。

ただし、ここに紹介するのはあくまで著者がアレンジした略式の拝み方であり、それも仏教式の拝み方をメインとしており、神道《しんとう》式の拝み方の要素は希薄です。

厳密な拝み方をお知りになりたい場合は、信仰している寺社へ直接お尋ねください。

(1) 礼《らい》拝《はい》

一心頂礼本尊《いっしんちょうらいほんぞん》〇〇龍王一切三宝《りゅうおういっさいさんぽう》

（合掌《がっしょう》し、右のご宝号《ほうごう》を三遍から七遍唱える。〇〇には礼拝の対象となる龍神さまのお名前を入れる）

(2) 般若心経《はんにゃしんぎょう》

摩訶般若波羅蜜多心経《まかはんにゃはらみたしんぎょう》

観自在菩薩《かんじざいぼさつ》。行深般若波羅蜜多時《ぎょうじんはんにゃはらみたじ》。照見五蘊皆空《しょうけんごうんかいくう》。度一切苦厄《どいっさいくやく》。舎利子《しゃりし》。
色不異空《しきふいくう》。空不異色《くうふいしき》。色即是空《しきそくぜくう》。空即是色《くうそくぜしき》。受想行識《じゅそうぎょうしき》。亦復如是《やくぶにょぜ》。舎利子《しゃりし》。
是諸法空相《ぜしょほうくうそう》。不生不滅《ふしょうふめつ》。不垢不浄《ふくふじょう》。不増不減《ふぞうふげん》。是故空中《ぜこくうちゅう》。無色《むしき》。無受想行《むじゅそうぎょう》
識《しき》。無眼耳鼻舌身意《むげんにびぜっしんに》。無色声香味触法《むしきしょうこうみそくほう》。無眼界《むげんかい》。乃至無意識界《ないしむいしきかい》。無無明《むむみょう》。亦《やく》
無無明尽《むむみょうじん》。乃至無老死《ないしむろうし》。亦無老死尽《やくむろうしじん》。無苦集滅道《むくしゅうめつどう》。無智亦無得《むちやくむとく》。以無所得《いむしょとく》
故《こ》。菩提薩埵《ぼだいさった》。依般若波羅蜜多故《えはんにゃはらみたこ》。心無罣礙《しんむけいげ》。無罣礙故《むけいげこ》。無有恐怖《むうくふ》。遠離一《おんりいっ》
切顛倒夢想《さいてんどうむそう》。究竟涅槃《くぎょうねはん》。三世諸仏《さんぜしょぶつ》。依般若波羅蜜多故《えはんにゃはらみたこ》。得阿耨多羅三藐三《とくあのくたらさんみゃくさん》
菩提《ぼだい》。故知般若波羅蜜多《こちはんにゃはらみた》。是大神呪《ぜだいじんしゅ》。是大明呪《ぜだいみょうしゅ》。是無上呪《ぜむじょうしゅ》。是無等等呪《ぜむとうどうしゅ》。
能除一切苦《のうじょいっさいく》。真実不虚《しんじつふこ》。故説般若波羅蜜多呪《こせつはんにゃはらみたしゅ》。即説呪曰《そくせつしゅわつ》。
羯諦《ぎゃてい》。羯諦《ぎゃてい》。波羅羯諦《はらぎゃてい》。波羅僧羯諦《はらそうぎゃてい》。菩提薩婆訶《ぼじそわか》。
般若心経《はんにゃしんぎょう》

（右の『般若心経』を一遍または三遍、読誦《どくじゅ》する。『般若心経』の代わりに『法華経《ほけきょう》』など他の

お経を読誦してもかまわない）

(3) 天津祝詞《あまつのりと》

高天原《たかまがはら》に神留坐《かむづまりま》す　神魯岐《かむろぎ》神魯美《かむろみ》の命以《みこともっ》て
皇《すめ》御祖《おや》神《かむ》伊邪那岐命《いざなぎのみこと》
筑紫《つくし》の日向《ひむか》の橘《たちばな》の小戸《おど》の阿波岐原《あわぎはら》に
御禊祓《みそぎはら》い給《たも》う時《とき》に生坐《あれませ》る祓戸《はらえど》の大神等《おおかみたち》
諸《もろもろ》の枉事罪穢《まがごとつみけがれ》を　祓《はら》い賜《たま》え清《きよ》め賜《たま》えと申《もう》す事《こと》の由《よし》を
天津神《あまつかみ》　国津神《くにつかみ》　八百万《やおよろず》の神等共《かみたちとも》に
天《あめ》の斑駒《ふちこま》の耳《みみ》　振立《ふりた》て聞食《きこしめ》せと
恐《かしこ》み恐《かしこ》み白《もう》す

（神道式の拝み方をする場合は、この「天津祝詞」の奏上《そうじょう》のみでもよい。また、仏教式の拝み方においても、この「天津祝詞」の奏上を挿入してかまわない）

(4) 真言《しんごん》

《すべての龍神さまに通用する真言》

オン・メイギャシャニエイ・ソワカ

《弁才天《べんざいてん》真言》

オン・ソラソバテイエイ・ソワカ

《宇賀神《うがじん》真言》

オン・ウガヤ・ジャヤ・ゲルベイ・ソワカ

《八大龍王《はちだいりゅうおう》真言》

オン・バン・アミリテイ・ソラソバテイエイ・ソワカ

《深沙大王《じんじゃだいおう》真言》

オン・アフルアフル・サラサラ・ソワカ

《金毘羅権現《こんぴらごんげん》真言》

オン・クビラヤ・ソワカ

《倶利伽羅龍王《くりからりゅうおう》真言》

オン・クリカ・ナギャラジャ・メイギャセンチエイ・ソワカ

《諸神《しょじん》真言（神祇《じんぎ》として祀られている龍神さまにはこれを唱える）》

オン・ロキャロキャ・キャラヤ・ソワカ

（右の真言のいずれかを適宜選び、三遍から七遍唱える）

(5) 回向《えこう》

願《ねが》わくはこの功徳《くどく》を以《もっ》て普《あまね》く一切《いっさい》に及《およ》ぼし、我《われ》らと衆生《しゅじょう》と皆共《みなとも》に仏道《ぶつどう》を成《じょう》ぜんことを。

（一回の修行の終わりに、右の回向文《えこうもん》を唱えること）

付録③

龍宮城《りゅうぐうじょう》のイメージワーク

あなたは今、海辺に立っています。
海を眺めています。
遠い海のかなたはもう空と混然《こんぜん》として区別がつきません。
そのかなたを見つめているうち、あなたの体の細胞はあちこちで光りだします。
やがてすべての細胞が輝いて、体の形が変わります。
あなたはいつの間にか海の中にいます。
あなたは魚になったのかもしれません。
あるいはウミガメ？　イルカになったのかもしれない。
または大きな龍になったのかもしれません。
もちろん、魚や亀などにならず、今のあなたの姿のままでもいいのです。
人魚になってもいいでしょう。

いずれにしても、海の底深く潜《もぐ》っていきましょう。
海の底深く深く潜っていきましょう。
どんどん暗くなっていきます。
どんどん深くなっていきます。
やがてあたりが真っ暗になります。
するとさらに海の底の底のほうに一点の光が見えてきます。
そちらに近づいていってみましょう。
今度はどんどん周囲が明るくなってきます。
やがてそこには不思議な建物が見えてきます。
建物自体がまばゆい金色の光を放っています。
とても壮麗《そうれい》で大きな建物です。
あなたはその中に入ることができます。
この建物には三つの扉があります。
どの扉も天にそびえるほど大きく重いのです。
一番目は「過去の扉」と名づけられている扉です。

そこにあなたが近づいて押すと、楽々とそれが開きます。
中に入ってみましょう。
さあ入りました。
この部屋はどうですか？
明るいでしょうか？　暗いでしょうか？
冷たいでしょうか？　暖かでしょうか？
どんな色でしょうか？
そこに何か音は聞こえますか？
そしてどんな香りがしますか？
きっとそこは懐《なつ》かしい気分になれるでしょう。
この部屋のかなたに、また同じような扉を見つけることができます。
この扉は「現在の扉」と名づけられています。
さあ、ここもしっかりと押し開きましょう。
開けると大きな部屋があります。
ここは現在の部屋です。

暖かさ、冷たさ、明るさ、暗さはどうですか？
色はどんなでしょう？
香りや音は？　どんな感じがしますか？
部屋には具体的には何もありませんが……
この部屋も、奥のほうにもまたさらに扉があります。
これは「未来の扉」です。
さあ、近づいて開きましょう。
開けるとそこは真っ白い光に満ちています。
白い霧のようなものが輝いているのです。
その光の霧の中に、ゆっくりと何か降りてきます。
そう、それは龍神さまです。
龍神さまはどんな姿でしょう？
龍王のような立派な王さまの姿でしょうか？
はたまた乙姫《おとひめ》さまのような美しい女性ですか？
あるいは老仙人の姿かもしれない。

あるいは龍そのものや大蛇の姿かもしれません。
恭《うやうや》しく手を前におろしてください。
龍神さまはあなたに何か下さいます。
それはなんでしょう？
宝が入っている玉手箱《たまてばこ》？　それとも宝珠《ほうじゅ》？
頂《いただ》いたものを見てみましょう。
それが何であれ、これからのあなたにとても必要なものです。
意味は今わからなくても、ここではそれを受け取るだけです。
ここで願い事などしてはいけません。
今はそういうことはすべて忘れましょう。
そしてただただ、受け取りましょう。
深く頭を下げてお礼をいいましょう。
気がつくともう誰もそこにはいません。
もう時間がきました。
この部屋の横に、また扉があります。

押し開くと長い廊下がつづいています。

歩いていきましょう。

その果てに、見慣れたあなたの家の扉が見えてきます。

開けばそこはもう、今現在のあなたの世界にもどれます。

さあ、ゆっくりと開いてください。

※この長い文言をおぼえる必要はまったくありません。ただ黙読してイメージを浮かべるだけで十分です。
このワークは、私たちが龍宮城で「必要な何か」を受け取るワークです。

龍宮城とは、仏教では、私たちの心の中にすでにある英知《えいち》の象徴です。ですからこの龍宮城には、『華《け》厳経《ごんぎょう》』という素晴らしい教えのほとんどが秘められているという伝説があります。

受け取ったものが具体的に何なのかがわからなくても、あなたの心の奥ではそれを受け取り、日常生活に現《あらわ》れてきます。受け取るワークですから、いろいろな願望を祈ることや思うことすら要《い》りません。

すべて忘れて、軽い気持ちでゆっくりと黙読してみてください。

それで十分なのです。

では、また、お会いしましょう、さようなら。

おわりに

私は今まで〝諸尊信仰《しょそん》シリーズ〟として、『あなたを幸せにみちびく観音さま』『読むだけで不動明王から力《ちから》をもらえる本』『あなたの願いを叶える　最強の守護神　聖天《しょうでん》さま』『あなたを必ず守ってくれる　地球のほとけ　お地蔵《じぞう》さま』という四冊の著書を大法輪閣より発刊させていただいておりますが、今回の『あなたの人生を変える　龍神さまの《ご利益《りやく》》がわかる本』は、前四冊とは大きく異なる点があります。

それは、龍神さまとは、基本的に〝実類《じつるい》の神霊〟だということです。

つまり、霊的存在ながら、一種の生き物なのです。

聖天さまも現《あらわ》れ方としては〝仏さま〟ではなく龍神さまと同じく天部《てんぶ》というグループに属する〝神さま〟ですが、「大聖歓喜天《だいしょうかんぎてん》」というように仏・菩薩の化身として拝まれていますから内《ない》証《しょう》は仏さまなのですが、龍神さまの場合は、権現《ごんげん》とよばれる方以外はそうとは限りません。

本書では、龍神さまを、我々の好ましいイメージだけを盛り込んで偶像化したりファンタジックな内容にすることはしておりません。

龍神さまを我々の心の影やイメージだなどと思っていては、把握しきれない部分があります。はっきりいえば、そのような捉《とら》え方は間違いだと思うからです。

龍神さまは、仏さまと違って、甘えきっていい存在でもないのです。

つまり、どうしても、〝神霊〟という我々とはまったく別個な存在とどう付き合うかという、普通の感覚からすれば荒唐無稽《こうとうむけい》といえる内容になるのです。

その点はなるべく、日本古来から先人がしてきた、そういう自然霊との付き合い方をもとにして、本書を書いたつもりです。

なお、本書では一応、神社に祀《まつ》られている龍神さまについても言及しましたが、インド由来の天部にてもあれ、日本の神祇《じんぎ》にてもあれ、仏教徒の立場からは、同じ道を歩む仲間です。

あなたも、龍神さまに、姿は見えないけれど確かに存在する〝隣人〟として親しみ、ちょっと変わった楽しい人生を歩まれてみてはどうでしょう。

平成二十九年 十月 吉日

羽田 守快　記す

羽田 守快（はねだ・しゅかい）

1957年（昭和32年）、東京都に生まれる。駒澤大学文学部心理学コース卒。学生時代より修験道、密教の門をたたき今日に至る。現在、総本山園城寺学問所員、天台寺門宗「金翅鳥院」住職。密教祈祷、密教占星術、心理セラピーなどを融合して信徒の育成に当たっている。
著書に『般若心経を知りたい』『密教占星術大全』（以上・学研）、『近世修験道文書』（共著・柏書房）、『修験道修行入門』『修験道秘経入門』（以上・原書房）、『秘密瑜伽占星法』『天部信仰読本』（以上・青山社）、『あなたを幸せにみちびく観音さま』『読むだけで不動明王から力をもらえる本』『あなたの願いを叶える 最強の守護神 聖天さま』『あなたを必ず守ってくれる 地球のほとけ お地蔵さま』（以上・大法輪閣）など多数。

著者ブログ：https://blogs.yahoo.co.jp/hukurousennninn

あなたの人生《じんせい》を変《か》える 龍神《りゅうじん》さまの《ご利益《りやく》》がわかる本《ほん》

2017年 12月 12日 初版第1刷発行
2021年 6月 17日 初版第3刷発行

著　者｜羽 田 守 快
発行人｜石 原 大 道
印　刷｜三協美術印刷株式会社
製　本｜東京美術紙工協業組合
発行所｜有限会社 大 法 輪 閣
〒150-0022 東京都渋谷区恵比寿南 2-16-6-202
TEL（03）5724-3375（代表）
振替 00160-9-487196番
http://www.daihorin-kaku.com

ISBN978-4-8046-1402-1 C0015